劉階平著

蒲留仙松齡先生年譜

孔德成敬題

本書撰者編蒲留仙研究書目

書目	出版年月	出版者
一、蒲留仙遺著考略與志異遺稿	民國三十九年四月出版 六十年五月二版	正中書局
二、蒲留仙傳	民國五十九年四月出版 五十九年十二月二版	學生書局
三、聊齋志異遺稿輯注	民國五十八年十月出版 六十三年七月二版	中華書局
四、聊齋通俗戲曲選注	民國五十九年七月出版	中華書局
五、聊齋詞集選注	民國五十九年十二月出版	中華書局
六、聊齋編年詩集選注	民國六十三年元月出版	中華書局

七、聊齋文集選注 民國六十四年六月出版 中華書局
八、聊齋全集選注 民國六十四年九月出版 中華書局
九、聊齋手稿與鑄雪齋鈔本研述 民國七十二年十二月出版 中華書局

前言

蒲留仙松齡先生年譜

前言

清初淄川蒲留仙松齡先生所撰聊齋志異，不獨爲我國近三百年來說部名著，在海外亦有英、法、德、日、俄諸國譯本流傳，而我國內則於蒲氏生平行實竟少記述，間有所記，率以誕謾之事歸之，如清末鄒弢三借廬筆談，竟記蒲氏撰志異略云：「居鄉里落拓無偶，性尤怪僻，作此書時，每晨攜一大磁甖，貯苦茗，具淡巴菇一包，置行人大道旁，下陳蘆襯，坐於上，見行者過，必執與語，搜奇說異，渴則飲以茗，或奉以烟，必令暢談乃已，偶聞一事，歸而粉飾之，如是二十餘寒暑，此書方葳。」吾人試一翻閱淄川邑乘，或讀其蒲先生墓表，則知其所述，實荒唐無稽。

筆者籍魯東近淄川，幼居鄉里，亦嘗聞父老話留仙逸聞，惜語焉不詳。稍長嘗數過淄川，親謁其墓，並讀其墓前柳泉蒲先生墓表，造其故居，獲覩其鶴軒筆札手稿，復得瞻其繪像遺蹟，並親履其講學畢氏石隱園遺址。時吾友王獻唐長山東省立圖書館於濟上，得有蒲氏遺稿，雖斷簡殘編，每為之寄貽，四方友好，亦多以蒲氏遺聞散籍，遠道相寄贈。

迨抗戰軍興，筆者由滬溯江入蜀，羈旅十載，及出川赴京，復從烽火中輾轉來臺，行裝多佚，而積年所集有關蒲氏聞見筆錄，竟幸得保存。於民國五十七年戊申（一九六八）間，就行篋所存，有關蒲氏生平行實，彙纂編次，綴成蒲留仙傳一編。荒蕪拙編，竟荷海內外讀者，先後為之評述，見台北中央日報副刊民國五九年七月十二日，與香港明報月刊一四一期七五頁。復承同好紛慫恿為撰蒲氏年譜，以記其編年行實。

茲就民國二十五年丙子（一九三六）予在漢口所草蒲松齡先生年譜稿，復益之歷年所積有關蒲氏行實，逐年撮要補入，綴成斯編。

淄川、蒲氏家世，溯自元末，興自清初，就般陽父老沿襲口傳，撮要引錄。復就蒲氏生平行實，要分五期：

一、年譜一

一歲至三十一歲居淄川故里。

二、年譜二

三十一歲秋至三十二歲夏，遊幕江南寶應高郵，時間雖僅八閱月，而要爲蒲氏生平最長的遠離故鄉。

三、年譜三

三十二歲夏至四十歲，南遊歸里，在故鄉設帳講學，日夜攻讀，冀博一第。

四、年譜四

四十歲至六十九歲，應聘淄西畢氏設帳綽然堂，計三十年，蒲氏著述，大部編著於其間。

五、年譜五

七十歲至七十六歲，撤帳歸里，時其四子，皆各謀一館，自糊其家室，蒲氏家給亦漸寬裕，先生得安居家園，棲遲偃仰，抱卷自適。後其夫人劉氏竟因疾先逝，先生伉儷情深，自是生趣頓失，越一載，先生亦溘然以逝，時年七十有六歲正月間。

本編最後附錄有蒲氏世系表，暨自始祖起至先生後十世直系表。並附有先生自撰（一）述劉氏行實（二）蒲箬等祭父文（三）蒲箬撰柳泉公行述（四）張元撰柳泉蒲先生墓表等紀實篇文。殿以蒲氏遺著書目及其序跋，暨聊齋手稿及鑄雪齋聊齋鈔本，二十四卷聊齋鈔本以及近世坊間蒲氏僞書，並備參證。

中華民國七十三年九月九日濰縣劉階平識於台北

蒲留仙松齡先生年譜　目次

圖書

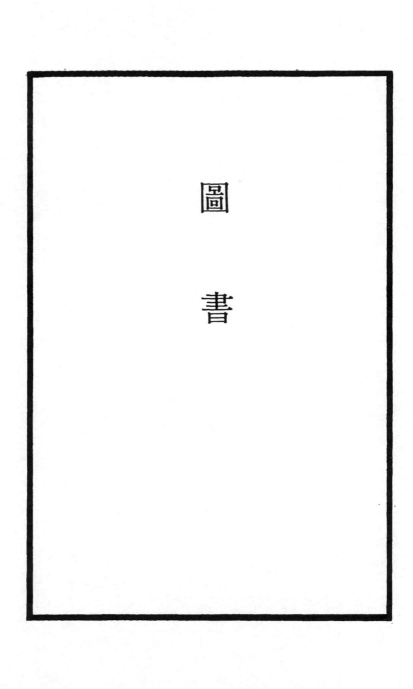

蒲留仙先生繪像真蹟

像繪於康熙五十二年癸巳（一七一三）時先生年七十四歲

江南朱湘鱗繪於淄川

先生像繪於長幅細絹立軸，上端先生自題「像贊」、「又志」各一則：「爾貌則寢，爾軀則修，行年七十有四，此兩萬五千餘日，所成何事，而忽已白頭？奕世對爾孫子，亦孔之羞。康熙癸巳自題。」

癸巳九月，筠囑江南朱湘鱗為余肖此像，作世俗裝，實非本意，恐為百世後所怪笑也。松齡又志。」

像繪就，先生曾題詩「贈朱湘鱗」云：

「江南俠士朱湘鱗，攜家北渡黃河津。卜居濟西峼山下，近傍濼水買芳鄰。生平絕技能寫照，三毛頰上如有神。對鐙取影眞逼似，不問知是誰何人。」

後馬子琴亦有題詩詩先生繪像云：

「雙目炯炯巖下電，龐眉火耳襯赤面。口輔端好吟鬚長，奕奕精神未多見。」

讀前諸詩可見繪像之眞似。

留仙故鄉淄川柳泉風景

民國二十四年（一九三五）攝

淸代淄川與博山城郊圖，采自孫佩南鄉前輩修「山東通志」所據「山東輿圖總局」測繪圖重摹本。山川集鎮，詳確羅列，遠勝舊志輿圖。

淸代淄川城郊圖

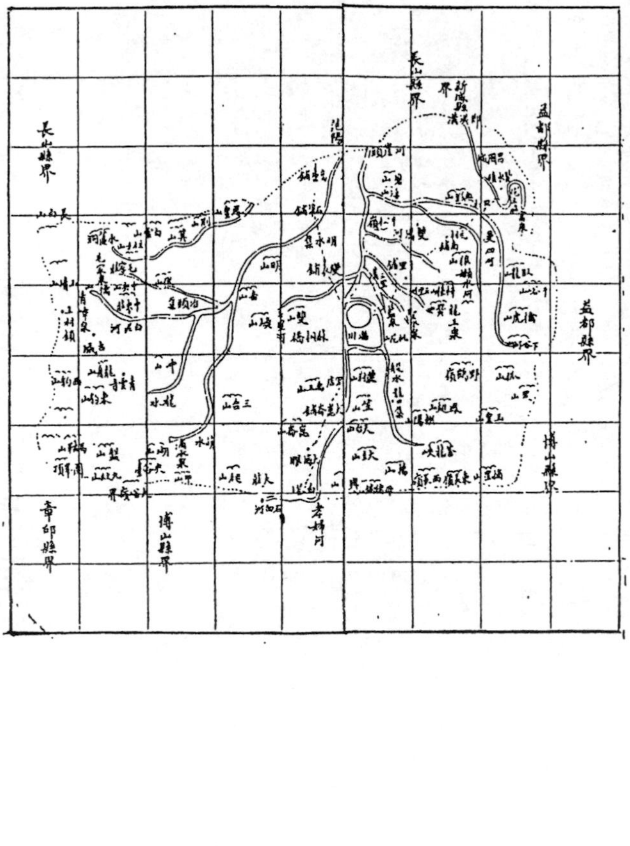

「編年詩集」詠淄川名蹟，如黌山、豹山、煥山與孝婦河、般水、萌水以及夾谷臺、龍王泉，莫不羅列圖上。

博山在淄川南。清雍正十二年（一七三四）以淄川之大峪等二十莊，及益都之孝婦、懷德二鄉之三十四社，萊蕪之樂疃等七莊置博山縣。西南郊之土門山、甕口道，以至與萊蕪接壤之

清代博山城郊圖

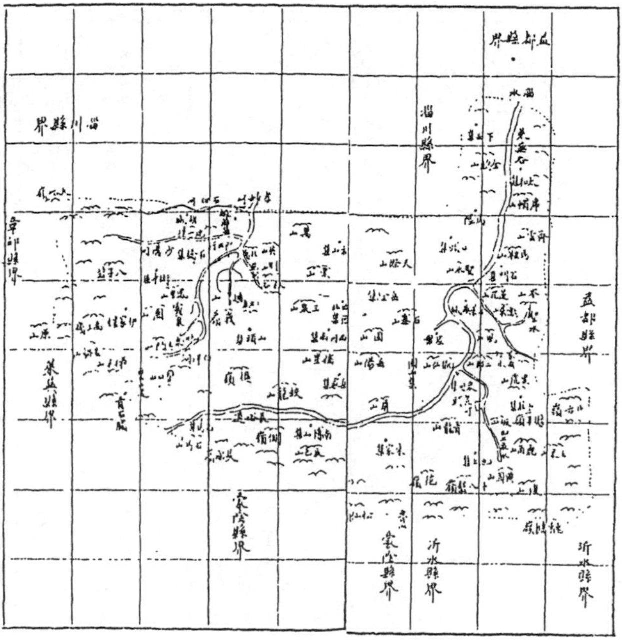

青石關尤多險峻巉巖，留仙南遊往返皆有詩以記之。

蒲留仙先生遊蹤圖

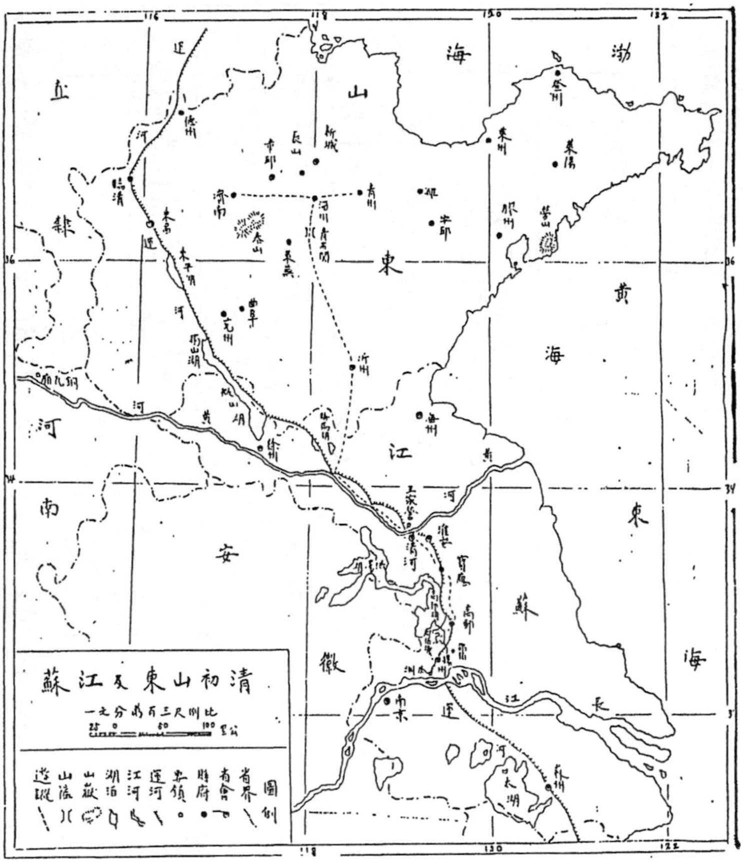
清初山東及江蘇
比例尺三百萬分之一
公里
圖例
省界
省會
府州
縣鎮
運河
江河
湖泊
山嶽
山脈
遊蹤
渤海
黃海
東海
山東
江蘇
安徽
河南
直隸
泰山
濟南
淄川
青州
沂州
海州
淮安
寶應
高郵
揚州
南京
蘇州
太湖
長江
黃河
運河

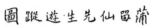

撰於康熙十八年己未（一六七九）時留仙年四十歲。

聊齋自誌手稿㈠

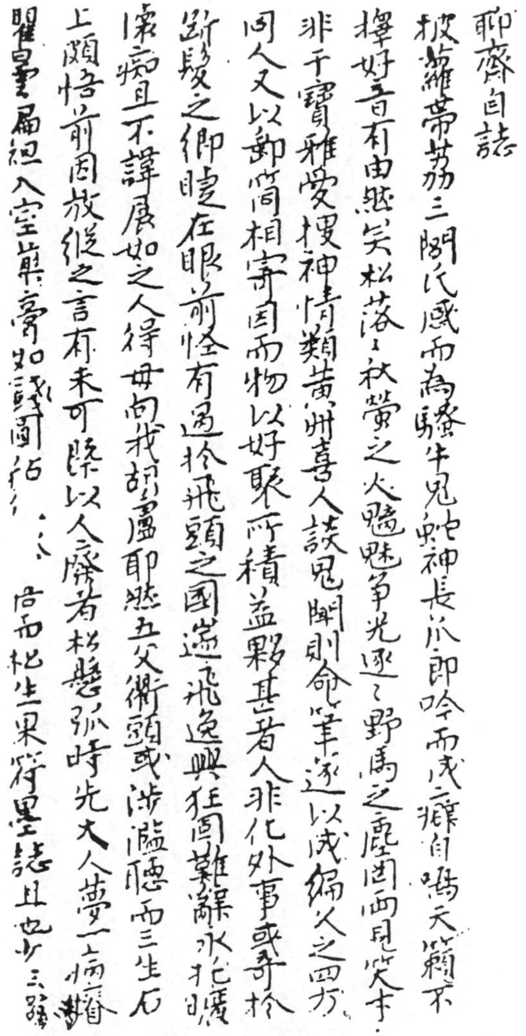
聊齋自誌
披蘿帶荔三閭氏感而為騷牛鬼蛇神長爪郎吟而成癖自鳴天籟不
擇好音有由然矣松落落秋螢之火魑魅爭光逐逐野馬之塵罔兩見笑才
非干寶雅愛搜神情類黃州喜人談鬼聞則命筆遂以成編久之四方
同人又以郵筒相寄因而物以好聚所積益夥甚者人非化外事或奇於
斷髮之鄉睫在眼前怪有過於飛頭之國遄飛逸興狂固難辭永托曠
懷癡且不諱展如之人得毋向我胡盧耶然五父衢頭或涉濫聽而三生石
上頗悟前因放縱之言有未可概以人廢者松懸弧時先大人夢一病瘠
瞿曇偏袒入室藥膏如錢圓粘乳際寤而松生果符墨誌且也少羸

聊齋自誌手稿(二)

多病長命不猶門庭之淒寂則冷淡如僧筆墨之耕耘則蕭條似缽每
搔頭自念勿亦面壁人果是吾前身耶蓋有漏根因未結人天之果而隨
風蕩墮竟成藩溷之花茫茫六道何可謂無其理哉獨是子夜熒熒燈
昏欲蕊蕭齋瑟瑟案冷疑冰集腋為裘妄續幽冥之錄浮白載筆僅
成孤憤之書寄託如此亦足悲矣嗟乎驚霜寒雀抱樹無溫弔月秋蟲
偎闌自熱知我者其在青林黑塞間乎康熙己未春日

鶴軒筆札手稿

代孫蕙賀東同知啓時康熙九年庚戌（一六七〇）十月初三

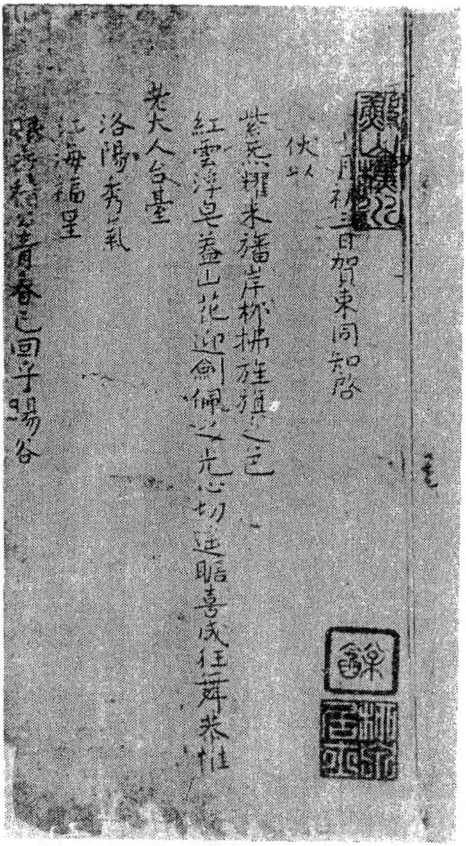
賀東同知啓
伏以
紫泥擢木岸柳拂旌旗之色
紅雲浮山花迎劍佩之光心切遥瞻喜成舞恭惟
老大人台臺
洛陽秀氣
江海福星

先生年三十一歲，撰於寶應縣署。民國二十四年乙亥（一九三五）攝於淄川。

民國二十四年乙亥（一九三五）冬，余過留仙故里，獲讀其家藏「鶴軒筆札」四册。前二册爲先生手寫稿，爲代孫蕙宰寶應、高郵時所撰寫書札諭告等文。「鶴軒」或爲寶應衙中齋號。首册面葉籤題「鶴軒筆札」下注「庚戌十月初三起至年終止。」十月初三則爲先生抵寶應縣署後所撰「賀東同知啓」之日也。賀東稿葉右上端鈐白地朱文「漁山樵水」長方印，殆先生自戲其不識時務也。右下鈐一白地朱文「松齡，」一朱地白文「柳泉居士」兩方印。下册「鶴軒筆札」籤下則注「辛亥正月起至五月止。」辛亥爲康熙十年，（一六七一）是年三月杪先生隨孫蕙調署高郵，至五月辭孫蕙返淄川。後二册筆札，所注年代皆非先生居寶應、高郵時，亦非先生手蹟，且字體不一，似出自後人輯錄者。

聊齋志異一卷

考城隍

予姊丈之祖宋公諱燾邑廩生一日病臥見吏人持牒牽白顛馬來云請赴
試公言文宗未臨何遽得考吏不言但敦促之公力病乘馬從去路甚生疏至
一城郭如王者都移時入府廨宮室壯麗上坐十餘官都不知何人惟關壯繆
可識簷下設几墩各二先有一秀才坐其末公便與連肩几上各有筆札俄題
紙飛下視之八字云一人二人有心無心二公文成呈殿上公文中有云有心為善
雖善不賞無心為惡雖惡不罰諸神傳贊不已召公上諭曰河南缺一城隍君
稱其職公方悟頓首泣曰辱膺寵命何敢多辭但老母七旬奉養無人請得

鑄雪齋聊齋鈔本

聊齋誌異卷一

般陽蒲松齡柳泉甫著

㟙湖鑄雪齋

○考城隍

宋公諱燾邑庠生一日病臥見吏人持牒牽白顛馬來云
請赴試公言文宗未臨何遽得考吏不言但敦促之公力
病乘馬　去路甚生疎至一城郭如王者都移時入府廨
宮室壯麗上坐十餘官都不知何人惟關壯繆可識簷下
設几墩各二先有一秀才坐其末公便與連肩几上各有
筆札俄題紙飛下視之八字云一人二人有心無心二公
文成呈殿上公文中有云有心為善雖善不賞無心為惡

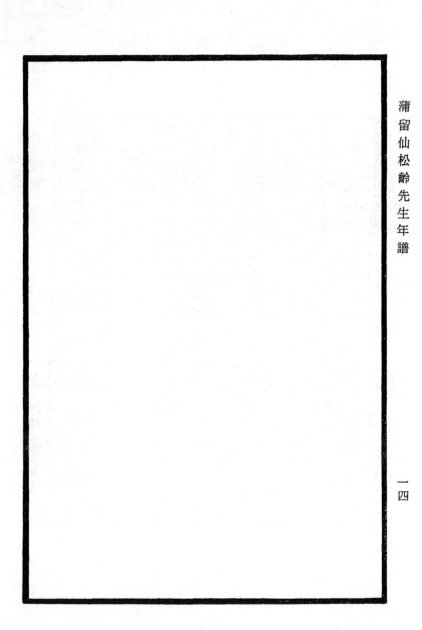

殿春亭主人題跋

[山昔]湖鑄雪齋

余家舊有蒲聊齋先生誌異鈔本、亦不知其何從得、後為人借去傳看、竟失所在、每一念及輒作數日惡、然亦付之阿閦佛國而已、一日偶語張仲明世兄、仲明與蒲俱淄人、親串朋好、穩相浹、遂許為乞原本借鈔、當不吝、歲壬寅冬、仲明自淄攜稿來、纍纍巨冊、視向所失去數當倍、披之耳目益擴、乃出資覓傭書者亟錄之、前後凡十閱月更一歲首、始告竣、中間讐校編次晷窮晷繼揮汗握冰、不少釋、此情雖癡、不大勞損耶、書成記此、聊存顛末、并識向來苦衷、倘好事家有

殿春亭主人題跋

欲攫吾米袖石而不得者，可無怪我書慳矣。

雍正癸卯秋七月望後二日殿春亭主人識

南邨題跋

⿰山昔湖鑄雪齋

余讀聊齋誌異竟不禁推案起立浩然而嘆曰嗟乎文人之不可窮有如是夫聊齋少負艷才牢落名場無所遇胷填氣結不得已為是書余觀其寓意之言十固八九何其悲以深也向使聊齋早脫韝去奮筆石渠天祿間為一代史局大作手豈暇作此鬱鬱語託街談巷議以自寫其胸中磊塊詼奇哉文士真職而志不平斯亦當事者之責也後有讀者苟具心眼當與予同慨矣

雍正癸卯秋七月南邨題跋

練塘老漁題跋

昔阮瞻作無鬼論而鬼即來。干寶撰搜神記而神如在。故
司糾奉命。烏府之柏臺遂空。而浮提稱王。冤公之蒨桃欲
莖。玄機雲湧。家中王㢸重來。妙論風生。穴處雄狐却走。山
精水怪。不妨以假為真。牛鬼蛇神。未必將無作有。彼狗荸
颭猿代後。亦屬物理之常。即須書山。手畫花。無非立法之
妙。總之見怪不恠。我正即能辟邪。怕鬼有泡。疑心適以殺
子。惜世無文帝。賈生之前席全虛。且騎少青騾。曼卿之營
城之主。然則鶉飛星隕。知我者其惟春秋乎。只此魯連曹
丘。得斯人可與言詩矣。
乾隆辛未秋九月中浣練塘老漁識

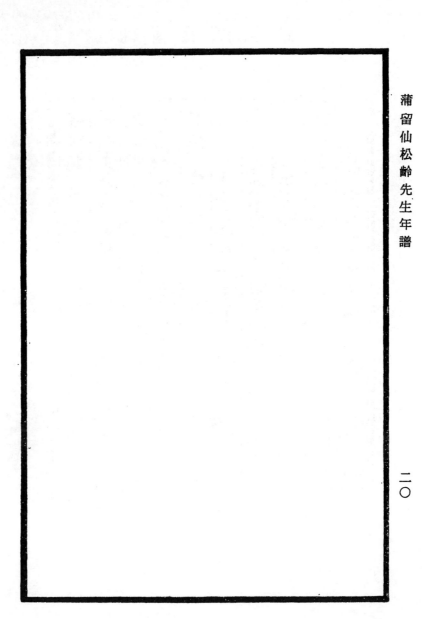

聊齋誌異卷之一

般陽蒲松齡柳泉甫著

考城隍

予姊丈之祖宋公、諱燾、邑廩生、一日病臥、見吏人持牒、牽白顛馬來、云請赴試、公言文宗未臨、何遽得考、吏不言、但敦促之、公力病乘馬從去、路甚生疎、至一城郭、如王者都、移時入府廨、宮室壯麗、上坐十餘官、都不知何人、惟關壯繆可識、簷下設几墩各二、先有

二十四卷聊齋鈔本
(二)

一秀才坐其末公便與連肩几上各有筆札俄題紙飛下視之有八字云一人二人有心無心二公文成呈殿上公文中有云有心為善雖善不賞無心為惡雖惡不罰諸神傳贊不已召公上諭曰河南缺一城隍君稱其職公方悟頓首泣曰辱膺寵命何敢多辭但老母七旬奉養無人請得終其天年惟聽録用上一帝王者像即命稽母壽籍有長鬚吏捧册翻閱一過白有陽算九年共籌躇間關帝曰不妨令張生攝

譜文

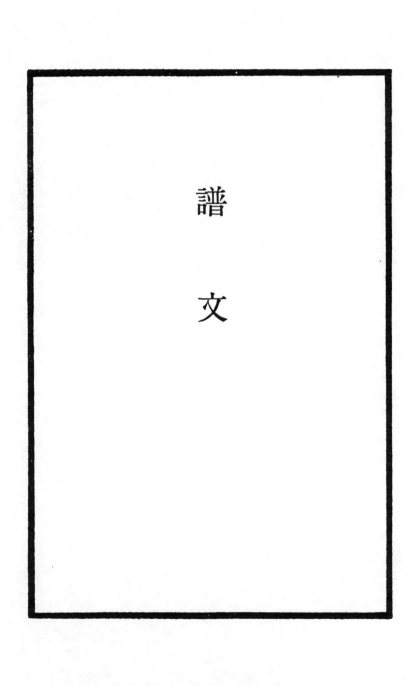

蒲留仙松齡先生年譜

家世

先生姓蒲氏，名松齡，字留仙，一字劍臣，號柳泉，別號柳泉居士，以先生有聊齋志異一書，故世多稱聊齋先生。

生於山東、淄川縣城東七里許之滿井莊，莊東有井，水常滿溢爲溪；大樹百章，環合籠蓋，隨溪逶迤，即柳泉也。莊之得名以此。（見募建龍王廟序、蒲箬：柳泉公行述、張元：柳泉蒲先生墓表、王洪謀：柳泉居士行略等）

般陽地方父老相傳：元代傾覆之餘，蒲氏祗遺藐孤，易姓更名，養於外氏楊家，至洪武中，始復姓蒲，故蒲氏之興自洪武始也。降及明末，子姓日繁，所居滿井莊由此而易其名爲蒲家莊。萬曆間闔邑食餼者八人，蒲氏得六焉。嗣後科甲相繼，稱望族者，往往指屈之。（見蒲氏族譜序、淄川縣志蒲青笠墓志等）

先生高祖世廣，邑廩生，贈文林郎，少聰慧，才冠當時。曾祖繼芳，邑庠生。祖生汭。父槃，字敏吾，少肯研讀，文傚陶鄧，器識超遠，淹博經史，雖終困童子業，宿儒無其淵博。值明季亂，遂去而賈，潛身耕讀，不復入城市。平居混跡里老中，粥粥若無能，蘊行殖學，毫不露諸齒頰。所積金錢，輒以義盡散去，而置產僅如中人，故垂暮家日貧。然閉戶讀經史，不以貧爲虞。嫡配爲董夫人，庶李氏。初生子兆箕，夭折，以年四十餘無子，曾以弟梲子爲嗣。後累舉四男：兆專、柏齡、松齡、鶴齡，皆與弟之諸子，躬親教之，一時有聲庠序者，得六人之多。復生一女，留仙妹也，後適同邑某氏。（見蒲氏族譜、李堯臣蒲敏吾傳、淄川縣志蒲箬柳泉公行述、元配劉孺人行實等）留仙爲嫡母董太夫人所出之次，而于行則爲三，兄二弟一，俱見世系。

一、年譜一　一歲至三十一歲居淄川故里

明崇禎十三年庚辰（公曆一六四〇年）先生生

先生於是年農曆四月十六日夜戌時生於故宅北房。

先生墓碑碑陽：「父生於崇禎十五年四月十六日戌時」

按十五年系十三年之訛。

聊齋志異「自誌」云：「松懸弧時，先大人夢一病瞿曇偏袒入室，藥膏如錢，圓粘乳際，寤而松生，果符墨誌。……」

降辰哭母詩：「老母呼我坐大小，繞身旁開顏顧兒女，時復惠餘觴，團圝聚飲，啾絮語悉家常，因年庚辰年歲事似饑荒，爾年於此日誕汝在北房。…」

（見聊齋編年詩集）是年大饑，人相食。（見淄川縣志）五月，大旱饑，樹

皮皆盡發瘞肉以食。（濟南府志）

流寇李自成入河南流寇張獻忠陷四川。

先生重要交遊人士本年年辰可考者：

同邑友人高珩念東年二十九歲。

孫蕙樹百九歲。

唐夢賚豹嵒十三歲。

畢際有載績十八歲。

新城王士禛阮亭七歲。

宣城施閏章愚山二十三歲。

崇禎十四年辛巳（一六四一）先生二歲。

史能仁鹿邑人由新城調任淄川知縣。

正月李自成占河南殺福王朱常洵。張獻忠占襄陽殺襄王朱翊銘。十二月李自成占南陽殺唐王朱聿鏌。

崇禎十五年壬午（一六四二）先生三歲。

摯友張篤慶生（崇禎十五年正月二十日巳時生。見張相國年譜）篤慶字歷友號崑崙山人，明大學士張至發孫，充選貢生，學識淵博，王士禛極稱之。

摯友李堯臣生，字希梅號約庵，邑諸生。

十二月滿清兵下兗州，魯王以派自殺。至濟南，下新城（見山東通志、王漁洋年譜）。

崇禎十六年癸未（一六四三）先生四歲。

十一月二十六日申時夫人劉孺人生。

墓碑碑陽:「母生於崇禎十八年十一月二十六日申時」按崇禎十八年系十六年之訛。

「孺人劉氏、蒲松齡妻也,父文學季調諱國鼎,文戰有聲,生四女,孺人其次也」(見蒲氏自撰述劉氏行實)。

高珩成進士。

清主皇太極殂,第三子福臨立。

流寇李自成陷潼關、西安諸地。張獻忠陷衡州。

崇禎十七年甲申,清順治元年(一六四四)先生五歲。

三月十九日李自成占北京,明帝崇禎、由檢自縊死,明亡。四月二十九日自成登帝位,次日出北京西走。五月初二日吳三桂引清兵入北京。馬士英、史可法、劉澤清等擁明福王朱由崧入南京,五月即帝位,定明年爲弘光元年。

十月清世祖福臨入北京即帝位。

辛民字光民順天大興人任淄川知縣。

十二月南明使臣左懋第、陳洪範至北京。

清順治二年乙酉（一六四五）先生六歲。

清廷下薙髮令。

史可法督師揚州與清兵戰被執不屈死。

明弘光帝由崧出奔南明亡。

明唐王朱聿鍵即位福州改元隆武。

魯王朱以海監國紹興。

明使臣左懋第死節於北京陳洪範降清。

李自成兵敗走死。

畢際有選拔貢。

順治三年丙戌（一六四六）先生七歲。

明隆武帝聿鍵被俘死。

清廷開始科舉。

流寇張獻忠敗死。

杜光華、奉天人，任淄川知縣。

順治四年丁亥（一六四七）先生八歲。

謝遷在高苑反清，破新城、長山。六月攻入淄川，殺降清明官孫之獬。七月十一日兵敗，死。

明桂王由榔稱帝肇慶，改元永曆。（見淄川縣志、王漁洋年譜、張篤慶年譜）

劉修己、山西永寧人，任淄川知縣。

順治五年戊子（一六四八）先生九歲。
清廷詔滿漢官民欲聯婚者從其願。
夏六月邑大水，壞六龍橋，孝水兩岸樹皆拔去，城北尚家莊一時俱盡。（見淄川縣志）
唐夢賚中舉人。
高唐、朱宏祚中舉人。
順治六年己丑（一六四九）先生十歲。
唐夢賚成進士，改翰林院庶吉士，散館授檢討。
宣城施閏章成進士。
順治七年庚寅（一六五〇）先生十一歲。
棲霞于七聚衆起兵，攻寧海城，知州劉文淇死。

隨諸兄弟從父讀經史，過目輒了，父最鍾愛之。

「先祖處士公字敏吾，少艱于嗣，四十餘苦無子，得金錢輒散去。暮年食指繁，家漸落，不能延師，惟躬自教子。先父天性慧，經史皆過目能了，處士公最鍾愛之」。（見蒲箬撰柳泉公行述）

順治八年辛卯（一六五一）先生十二歲。

劉氏行實：先生十餘歲未聘，聞劉公次女待字，媒通之，遂文定焉。

王士禛中舉人。

按蒲立德與車亮采訴訟單有云：「曾祖槃、敏吾公卒於順治八年」。而在先生撰劉氏行實所記劉氏性溫謹寡言，母頗加憐愛，冢婦益恚「時以虛舟之觸為姑罪」，處士敏吾公曰：「此烏可久居哉！」乃析箸授田分居，時僅生大男箬。考蒲箬生於康熙元年壬寅（一六六二），是敏吾公康熙元年，尚在世間。前拙撰蒲留仙傳亦記此兩說，（詳蒲傳葉一六九。）

順治九年壬辰（一六五二）先生十三歲。

五月壬申雨雹，大者如盂，碎瓦傷人。（見淄川縣志）

唐夢賚自京罷官歸里，年尚未三十。

順治十年癸巳（一六五三）先生十四歲。

李振藻字仲璧，陝西安定人，舉人，任淄川知縣。

順治十一年甲午（一六五四）先生十五歲。

順治十二年乙未（一六五五）先生十六歲。

明永曆帝由榔奔雲南。

劉孺人十三歲，時傳言清廷將選良家子充掖庭，人情洶動，劉公初雖不信，

而意亦不敢堅，乃亦從衆，送女詣婿家，與董太孺人同寢處，俟訛言息，始移

歸。

順治十三年丙申（一六五六）先生十七歲。

施閏章十月抵濟南，任山東學道。（見施上白年譜：順治十三年秋奉使督學山東。）獨樹軒記「予以丙申冬十月抵歷下受事。」

畢際有任山西稷山知縣。

馬天駿，德州人，廕生，任淄川知縣。

順治十四年丁酉（一六五七）先生十八歲。

與劉孺人完婚，時孺人年十五歲。

明永曆帝遣使封鄭成功爲延平郡王。

順治十五年戊戌（一六五八）先生十九歲。

是年先生應童子試，以縣府道三第一入泮，文名藉甚，因受知於學使施閏章先生。

試題「蚤起」、「一勺之多」，原批，首藝空中聞異香，百年如有神，將一時富貴醜態畢露於二字之上，直足以維風移俗。次批：觀書如月，運筆如風，有掉臂游行之樂。（見王敬鑄手抄「聊齋制藝」首藝「起講」如下：「嘗觀富之中皆勞人也，君子逐逐於朝，小人逐逐於野，爲富貴也。至於身不富貴，則又汲汲焉伺候於富貴之門，而猶恐其相見之晚；若乃優游晏起，而漠無所事者，非放達之高人，則深閨之女子耳。」）

張元「墓表」：「先生初應童子試，即以縣、府、道三第一，補博士弟子員，文名藉藉諸生間。」

蒲箬「柳泉公行述」：「十九歲弁冕童子，大爲文宗師施愚山先生所稱賞。」

王洪謀「柳泉居士行略」：「年未弱冠，即幷童科，大爲督學施愚山先生所稱賞。」

費禕祉字支嶠，鄞縣人，進士。時任淄川知縣。志異內「折獄」篇「我夫子有仁愛名，即此一事，亦見仁人之用心苦矣。方宰淄時，松裁弱冠，過蒙器許，而駑鈍不才，竟以不舞之鶴爲羊公辱」。

王士禛成進士。

順治十六年己亥（一六五九）先生二十歲。

是年與知友同邑王鹿瞻、李希梅、張篤慶結「郢中詩社」。

「濟南府志」：蒲松齡少與邑士張篤慶、李堯臣結「郢中詩社」，以文章道義相劘切，號「郢中三友」。

張元「柳泉蒲先生墓表」：『少年與同邑李希梅、及余從伯父歷友、視旋諸先生結爲「郢中詩社」，以風雅道義相劘切，始終一節無少間。』

先生「郢中詩社序」：

謝家嘲風弄月，遂足爲學士之章程乎哉？余不謂其然。當今以時藝試士，則詩之爲物，亦魔道也，分以外者也。然酒茗之燕好，人人有之。而竊見夫酒朋賭社，兩相徵逐，笑謔哄堂，遂至如太眞終日無鄙語；不則喝雉呼盧，以消永夜，一擲千金，是爲豪耳。耗精神於號呼，擲光陰於醉夢，殊可惜耳！余與李子希梅寓居東郭，與王子鹿瞻、張子歷友諸昆仲一埤垸之隔，故不時得相晤。晤時瀹茗傾談，移晷乃散。因思良朋聚首，不可以清談了之，約以讌集之餘晷，作寄興之生涯，聚固不可以時限，詩亦不以格拘，成時共載一卷，遂以郢中名社。或疑名之大而近於夸矣，而非然也。嘉賓宴會，把琖吟思，勝地忽逢，燃髭相對，此皆燕朋豪客所歎爲罪不至此者也。其有聞風而興起者乎？無之矣。此社也，祇可有一不可有二，調既不高，和亦云寡，下里巴人，亦可爲陽春白雪矣。抑且由此學問可以相長，躁志可以潛消，于文業亦非無補。故幷以言，聊以志吾儕之宴聚，非若世俗知交以醉飽相酬答云爾。

明永曆帝奔緬甸。

順治十七年庚子（一六六〇）先生二十一歲。

林瓊芝福建人，貢生，任淄川知縣。

是年三月施閏章卸山東學道任，歸里。

施上白年譜：「順治十七年，自山左得代歸里。」

獨樹軒記：「余庚子三月自山左舟四皆石。」

順治十八年辛丑（一六六一）先生二十二歲。

孫蕙成進士。

畢際有擢江南通州知州。

吳三桂進軍緬甸，緬人執永曆帝以獻。

鄭成功據臺灣。

青州都統濟世哈奉命領滿漢兵勦于七。

清帝福臨歿，子玄燁即帝位。

康熙元年壬寅（一六六二）先生二十三歲。

王所、州四川人，舉人任淄川知縣。

吳三桂縊殺明永曆帝於雲南。

鄭成功卒，子經嗣。

明魯王卒於臺灣。

長子箬於八月三十日生。

棲霞于七起兵反清，至此敗亡。魯東居民被殺戮極爲慘重。

趙執信生。

康熙二年癸卯（一六六三）先生二十四歲。

王經邦福建人，舉人，任淄川知縣。

畢際有罷官。

袁宣四中舉人。

敏吾公於正月初五卒。

康熙三年甲辰（一六六四）先生二十五歲。

程觀頤字我生，山海衞人，進士，任淄川知縣。

是年先生讀書於同邑友人李希梅家，同課者有甥趙晉石。

畢際有由江南歸里。

康熙四年乙巳（一六六五）先生二十六歲。

鄉、會試復行三場舊制。

康熙五年丙午（一六六六）先生二十七歲。

顧雲龍字省庵，江南吳江人，吏員，任淄川知縣。

次子篪當生於甲辰與戊申間，因假定爲本年生。

康熙六年丁未（一六六七）先生二十八歲。

康熙七年戊申（一六六八）先生二十九歲。

同安邱李文貽泛舟大明湖有詩云：「百年義氣滿蓬蒿，此日登臨首重騷；秋恨欲隨湖水漲，壯心常並鵲山高。鬼狐事業屬他輩，屈宋文章自我曹；知己相逢斯最樂，芒鞋蹤跡徧林皋。」

馬貞德字允大，奉天人，廕生，任淄川知縣。

是年夏山東各地地震六月十七日濟南地震，先生適在濟南方與其表兄李篤之對燭飲。淄川地震裂城牆八丈壞城內官民房五百餘所，鄉村尚不計云。沂莒郯三州縣地震尤甚（見池北偶談卷二十三）。高珩奉命南下祭告南嶽神農虞帝二陵，至紫霞洞而返，因自號紫霞道人

康熙八年己酉（一六六九）三十歲。

孫蕙任江南寶應縣知縣時值河水涸漕難於行，例應濬河，使者欲大舉速成，索夫萬餘，蕙以地狹民敝曰寧鐫令勿朘民。邑人聞之謀曰奈何以吾儕累使君，不呼自至者萬餘，三晝夜工竣。士民繪圖記其事於石。

先生聞樹百以河工忤大僚有詩記云西風策策雁聲殘，酌酒挑鐙興未闌；星斗夜搖銀漢動，芙蓉醉擊玉龍寒。故人憔悴折腰苦，世路風波強項難；吾

輩祇應焚筆硯，莫將此骨葬江干。

二、年譜二　三十一歲秋至三十二歲夏遊幕寶應高郵

康熙九年庚戌（一六七〇）先生三十一歲。

是年孫蕙仍任寶應知縣，聘先生爲幕賓。遂於是年秋末起程南遊。

從淄川故鄉南往江淮，博山青石關爲必經要道，兩山壁立，連亘數十里，先生有詩記云：「身在甕盎中，仰看飛鳥渡，南山北山雲，千株萬株樹。但見山中人，不見山中路。樵者指以柯，捫蘿自茲去，勾曲上層霄，馬蹄無穩步。忽然聞犬吠，煙火數家聚，挽轡眺來處，茫茫積翠霧。」

孫廷銓顏山雜記亦有記青石關云：「自土門道至青石關二十里，兩山夾

谿，崖壁峻竦，巖樹交參，單行徐行，數步一息」。

自此經巖莊，先生亦有詩記云：「雨餘青嶂列煙寰，嶺下農人荷笠還，繫馬斜陽一回首，故園已隔萬重山」。復南行至沂州（今臨沂），在沂阻雨，休於旅舍。有劉生子敬出同社王子章所撰桑生傳（名曉字子明）約萬餘言，得卒讀後，遂作志異蓮香篇故事。復南行，就先生沿途所撰記見聞詩如途中「一聲欸乃江村暮，秋色平湖綠接天」。及「人家綠樹寒煙裏，秋色黃流晚照餘」。可見其淄川故鄉南下時已在深秋。再南行，詳詩集有黃河曉渡、宿王家營諸記事詩，復南行而至寶應縣署。

復考先生當日所經之黃河，乃元明以來遷徙之黃河，由河南新鄭、開封、商丘諸縣，流入今江蘇北境，歷銅山、宿遷及古清河（淮陰）、安東（漣水）注入黃海。至今日稱爲「淤黃河」。至今日黃河乃咸豐五年乙卯（一八五五）河決河南銅瓦廂，復奪濟水故道，由山東利津入海。

復次，予在民國二十四年乙亥（一九三五）冬，即五十年前，在淄川蒲家閱先生手稿「鶴軒筆札」，時共四冊，首二冊上冊首葉爲代孫蕙賀東同知啓，時爲十月初三，末葉爲十二月二十四日答王世德稿，上冊共擬稿三十五篇，殆先生在寶應縣署手稿。上冊注自「庚戌十月初三至年終」。下冊則注「辛亥正月起至五月」。皆先生手稿。後二冊上冊注「己酉臘月望後至庚戌三月」。考己酉臘月爲康熙八年（一六六九）十二月，是年爲樹百初授寶應知縣，先生尚在淄川故里。下冊注「甲寅正月至十一月」，按甲寅爲康熙十三年，先生自江南歸里已三載，且字體亦非一人手書，故似所輯錄者文稿，至「鶴軒」二字，或寶應縣署書齋名稱。

復次，在首冊「賀東同知啓」稿右上端，鈐有白地朱文「漁山樵水」長方印，殆先生自戲喻其沿山求魚，水中採樵，戲謂其不識時務歟！

康熙十年辛亥（一六七一）先生三十二歲。

是年正月先生在寶應縣署題有早春詩云：「近城風細水如羅，蓮幕生寒渺翠波。花落已驚新歲月，燕歸猶識舊山河。年隨風雪橋邊盡，春向江梅枝上多。回首可憐人事改，故園物色近如何？」

元宵節後樹百邀先生作揚州遊，過高郵詩云：「茅店雞聲早，片帆夜渡時。高城聞畫角，亂傍曉風吹。」泛舟邵伯湖詩云：「湖水清碧如春水，漁舟棹過滄溟開。」泛舟至揚州，時已入夜，有詩記云：「夢醒帆檣一百里，月明江樹密如排。舟中對月擁窗坐，煙舍村樓盡入杯。」泛舟過紅橋，因感南州山水，題賞者多過其實。因與樹百論南北山水，有詩記云：「揚州有紅橋，廊榭亦蕭敞，雕甍鬬華麗，名流過題賞，乃知北方士，自不善標榜」。

是年三月孫蕙調署高郵州，二十八日到任，先生亦隨之同往。在江南有為友人寫夢八十韻五言古體詩一首。王漁洋讀後評云：「纏綿豔麗，如登臨春、結綺，非復人間閨闥。」（見聊齋編年詩集）先生天性孝親，篤於友誼，雖身在江南，而思親懷友之情，不能自止。其客署詩云：「冷雨寒窗他日淚，淒涼極浦暮雲深。」秦郵官署詩云：「春花色易老，遊子心易酸。」懷「郢社」諸游好詩云：「壯志驚雄心，涼風發寒吹，垍壞百憂生，撫枕不能寢。」時「郢中詩社」摯友王鹿瞻在江南瓜州、邱荊石幕，先生寄詩云：「落日淡空庭，樓台淨如水，晤言懷友生，芳樹頻徙倚，家中隔一山，猶恨不同里；今日限重江，而乃如鄰比，寧不愁參商，同飲一鄉水。」眷懷故鄉田園之情，先生亦與時並進，其堤上作詩云：「每緣顧內憂妻子，豈不懷歸畏友朋。」先生遂決然於五月間辭樹百賦歸。

先生由高郵北返，仍循去秋末南下故道，過清水潭決口，覩景有感，曾有詩記云：「清潭決口波如山，雲水萬頃相鉤連。渚涯不復辨牛馬，湖口風吹聲沸天。我每經過三嘆息，平地成天千古難！嗚呼，歲請捐金戰洪水，神禹當年恐不爾！」由清河溯黃河北上，其扁舟渡河詩云：「歸途過黃河，一葉大如掌。颸颸西南風，飽帆盪雙槳。」循前道，過沂州再北上至距故鄉六十餘里之青石關，時已日暮，又有山雨欲來之勢，旅店冷落，主人拒之宿止。無奈勉前行，至甕口道山雨傾盆而降，午夜三更，抵土門莊始得茅店投宿。

其甕口道夜行遇雨有詩記云：

「日暮馳投青石關，山塵橫捲雲漫天。望門投鞭縱馬入，庭門冷落絕炊煙。主人禾黍堆滿屋，人無湯餅馬無粟。拍肩挽臂求作謀，苦辭不能留客宿。下關暝黑聞風雷，倒峽翻盆山雨來。潦水崩騰沒馬膝，激石擂礮鳴相催，水猛石亂馬蹄破，動骨駭心欲傾墮！人馬不惜同時飢，顛蹶還愁喪身禍！來時當道僵屍橫，我行至此馬騰驚。云是虎噬遠行客，髑髏嚙絕斷股肱！念此毛寒飢粟起，心急行難步不咫。雷青乍見水磷磷，徑昏惟覺石齒齒。三漏始入土門莊，撾門下驢登人堂。渭城已唱鐙光張，喚起老嫗炊青粱。篾席破敗黃茅捲，如醉醇醪臥香軟」。

續行至里舍附近之山坡上，大雨又傾瀉，更代始抵其家。

復有冒雨歸家詩記云：

「千里始歸來，大雨如傾瀉。山坡苦難渡，屢蹶款段馬。不知日中夕，黃昏竄榛野。驚電照迷途，更代始抵舍。妻孥爛漫睡，柴門故急打。諸雛出應門，誰與遠歸者。投鞭板扉裏，繫馬簷梧下。入門羅壺漿，衣濡尚沾灑。感此油衣漏，恨不以爲瓦」。（見聊齋編年詩集）

其時大兒箬方十歲，次兒篪六歲，故詩謂：「諸雛出應門」。
先生初歸，其覺斯、螽斯兩姪邀飲，有詩記云：
「江湖萬里淚沾襟，曾有新詩寄竹林。露溼芳階螢上下，風清良夜月升沈。
鶯花歲逐行塵老，骨肉情因患難深。羈旅經年清興減，消磨未盡祇雄心」。
按南遊時間為康熙九年九月間離淄故鄉，至康熙十年五月返歸，在江南約八閱月，故詩謂「羈旅經年」。
三子笏生。
考笏生年，未見明確記載，惟據先生在己巳編年詩有子笏長詩云：「行年十九非幼稚，宜知勤讀學孝弟；況値母病家無人，審症求方須精細」。考己巳為康熙二十八年（一六八九）由是年前推十九年，當為康熙十年辛亥（一六七一）復據先生離淄時間，笏當生於是夏六月間。

三、年譜三　三十二歲夏至四十歲南遊

歸來設帳講學

康熙十一年壬子（一六七二）先生三十三歲。

王洪謀柳泉居士行略：「從給諫孫公樹百於八寶，因得與成進士康保、王會狀式舟兄弟，陳太常冰壑游。登北固，涉大江，遊廣陵，泛邵伯而歸，所作有南遊詩一卷，大抵在行旅登眺，與夫寄遠送別，往復酬答之間，而懽愉慘悴之志意，猶未形諸篇章也。自是以後，屢設帳縉紳先生家，日夜攻讀，冀得一第。（下略）」

初館同邑名人西鋪、畢際有家。

際有字載續，號存吾，順治乙酉拔貢，曾任江南揚州府通州知州。為明尚書
自嚴子。家有石隱園、綽然堂、倣樊堂諸勝。收藏頗富，四方名流宿儒，樂與之
遊。愛吟咏，喜校讐，精鑑賞。著有存吾草、淄乘、徵泉史等書。
孫蕙充江南同考官。
寄孫樹百、蕙七律三首，其有云：
「帳外西風剪剪吹，屋梁落月不勝悲！途窮祇覺風波險，親老惟憂富貴遲
！」
孫蕙來函寄候略云：「（上略）異鄉落寞，滿擬好友蜚翀，少添意興；不意
蕪械無靈，致悮雲翼。文章憎命，不其然乎？抱歉抱歉！來什憐及牛馬，傳語加
餐，足紉至愛。幾番拈髭擬和，不成報章，大抵鞅掌之人，重以離索，便語不成
聲矣。（中略）吾兄為親老憂富貴遲，總使非遲，亦無奈親日老也。惟期砥

礪進脩，祈寬過以報春暉，于願足矣。（下略）」

張元字長四生。

張貞字起元號杞園，安邱人。是年拔貢，舉宏博，授翰林院待詔。

康熙十二年癸丑（一六七三）先生三十四歲。

新城王士祿字西樵，是年七月卒，先生撰文祭之。

張篤慶歷友妻孫氏卒，先生有詩慰之。

十一月雲南吳三桂起兵反清。

康熙十三年甲寅（一六七四）先生三十五歲。

是年秋有「同長人、酒甫、劉茂功河洲夜飲即席限韻」詩：

「秉燭清宵汗漫遊，般河衝激小山頭。人漁芳草黃昏夜，客醉寒潭綠水秋。伯仲文章皆大雅，主賓詞賦盡風流。何人海上垂芳餌？一線虹霓月作鈎。」

並有引云：『甲寅八月，共集長人齋同人雅聚樂且未央。於是舉網河上，擬追赤壁之遊；載酒河頭，共唱銅鞮之曲。河邊春草喜薦方茵，夜半寒流如聞哀玉。既飛觴而縱飲，更抵掌以懽呼。健僕能漁，捉錦鱗於潭水；雛奴解意，燭紫蟹於沙汀。不有佳章，負茲勝會，爰下擊鉢之令，用成「鼓枻」之歌』。

是年冬有「歲暮辭灶」賦詞一闋，調寄「金菊對芙蓉」詞云：

「到手金錢，如毛燎火，烘然一焠完之。值祠神時節，莫備肴胾，瓦炉僅有香煙繞，酹灶前濁酒三巵。料應神聖，不因口腹，捏是成非。　況復盎盎相依，念區區非吝，神所周知。倘上方見帝，幸代陳詞：倉箱討得千鍾粟，從空墮萬鋌朱提。犧牲豐潔，兩有光輝」。（見聊齋詞集）

耿精忠叛應吳三桂。鄭經助之。

康熙十四年乙卯（一六七五）先生三十六歲。

四子筠生（見聊齋詩集）

孫蕙離江南寶慶縣任。治寶應六年，峝以愛民爲急不自計利害升沈。以卓異擢授戶部給事中。（見清史列傳卷七十四循吏傳）

康熙十五年丙辰（一六七六）先生三十七歲。

淄川縣教諭孫瑚景夏陞鰲山衞教授，先生賦詩七絕六首送之（見聊齋編年詩集）

尙之信叛應吳三桂。

耿精忠降清

康熙十六年丁巳（一六七七）先生三十八歲。

是年遊水月寺賦七律詩一首紀之。

張稷若卒。

尚之信降清。

康熙十七年戊午（一六七八）先生三十九歲。

是年四月不雨，五月二十六日始雨，復旱；淄邑沴氣爲祲，人多疾病。六月二十二日始雨，秋又大飢。（見淄川縣志）

詔舉博學鴻詞，山東舉十四人。（見山東通志）

在濟南同安邱李文貽泛大明湖，在明水阻雨，有詩記之。（見編年詩集）

吳三桂在衡州稱周帝，改元昭武。尋卒，孫世璠襲。

康熙十八年己未（一六七九）先生四十歲。

汪如龍，字健川，江南宣城人，舉人，任淄川知縣。多惠政。

先生有以四十爲題五律一首云：「忽然四十歲，人間半世人；貧因荒益累，愁與病相循。坐愛青山好，忽看白髮新；不堪復對鏡，顧影欲沾巾！」

四、年譜四 四十歲至六十九歲應聘淄川畢氏

康熙十八年己未（一六七九）先生四十歲。

柳泉居士行略記：先生南遊歸里，屢設帳縉紳先生家。惟今在詩集文集所記，要以設帳淄西西舖畢氏綽然堂爲最久。先生編年詩集丁丑（一六九七）編年詩「贈畢子韋仲詩七律五首」有云：「宵宵鐙火共黃昏，十八年來類弟昆。」按「丁丑」爲康熙三十六年，由該年向前推十八年，恰爲康熙十八年己未（一六七九），則先生設帳畢氏綽然堂是年恰爲四十歲。復據先生撰「畢母王太君墓誌銘」，首稱「余與畢世兄韋仲同食三十年」。考先生年七十歲始撤帳歸家，由七十歲上推三十年，亦與其四十歲應聘畢氏相符。迨先生歿世後，其子蒲箬等撰祭父文亦云：「東西師生三

十年生死不二，至託諸夢魂間者，則又無過於刺史畢先生家「綽然堂」。憶五十年前予過蒲氏舊居及綽然堂舊址，猶見「綽然堂」匾猶存，雖經三百年間歲月，而字跡猶可辨識。「綽然堂」三字自右向左橫題，右端直書「崇禎甲戌」，左端直書「白陽老人題」。按崇禎甲戌爲崇禎七年（一六三四），「白陽老人」乃畢自嚴別號，歸里後建堂時所自題。

是年春「志異」書大體寫成，茲錄其手稿「聊齋自誌」序云：

「被蘿帶荔，三閭氏感而爲騷；牛鬼蛇神，長爪郎吟而成癖。自鳴天籟，不擇好音，有由然矣。松落落秋螢之火，魑魅爭光；逐逐野馬之塵，罔兩見笑。才非干寶，雅愛搜神；情類黃州，喜人談鬼。聞則命筆，遂以成編。久之，四方同人，又以郵筒相寄，因而物以好聚，所積益夥。甚者，人非在外，事或奇於斷髮之鄉；睫在眼前，怪有過於飛頭之國。遄非逸興，狂固難辭；永托曠懷，痴且不諱。展如之人，得毋向我胡盧耶？然五父衢頭，或涉濫聽；而三生石上，頗悟前因。放縱之言，有未可概以人廢者。

松懸弧時，先大人夢一病瘠瞿曇偏袒入室，藥膏如錢，圓黏乳際，寤而松生，果符墨誌。且也：少羸多病，長命不猶。門庭之棲寂，則冷淡如僧；筆墨之耕耘，則蕭條似鉢。每搔首自念，勿亦面壁人果是吾前身耶？蓋有漏根因，未結人天之果；而隨風蕩墮，竟成藩溷之花。茫茫六道，何可謂無其理哉！獨是子夜熒熒，鐙昏欲蕊；蕭齋瑟瑟，案冷疑冰。集腋爲裘，妄續幽冥之錄；浮白載筆，僅成孤憤之書：寄託如此，亦足悲矣！嗟乎！驚霜寒雀，抱樹無溫；弔月秋蟲，偎闌自熱。知我者，其在青林黑塞間乎！

康熙己未春日。

志異自序雖寫在先生四十時春間，而就全書篇文，其有年代可稽者，是續有補益，迄至先生晚年。

最早寫志異序者爲同邑高念東先生，序凡千餘言，末段序云：

「吾願讀書之士攬此奇文須深慧業眼光如電牆壁皆通能知作者之意，並能知聖人或雅言或罕言或不語之故則六經之義三才之統諸聖之衡一一貫之。（下略）

康熙己未春日穀旦，紫霞道人高珩題。

王培荀鄉園憶舊錄記：「志異未盡脫稿時，王漁洋先生士禛按篇索閱，每閱一篇寄還，按名再索，來往書札，余俱見之。亦點正一二字，頓覺改觀。（中略）或傳其願千金易志異一書，不許，言不足信也。志異有漁洋頂批，旁批，總批；坊間所刻，亦云王貽上、士禛評，所載評語寥寥，殊多遺漏」。

是年夏秋間，先生抱病，時逾三月，其有詩自記云：

「抱病經三月，鶯花日日辜，惟知親藥餌，無復念妻孥」。

新秋月夜病中又感賦詞四闋，調寄「大江東去」其一云：

「韶光易逝去，嘆鳧沉鷗汎，年年落魄。四十衰同七十者，疾骨秋先覺。夢鳥驚籠，吟蟲弔砌，多是眠難着。梧桐知否？一宵冷透簾箔。　悲矣秋之爲氣，霧顆初零，情緒早先惡。西子傷心眉黛顰，又被月明偷學。愛水留光，情花印影，絕似人蕭索。此時此夜，可憐遶樹烏鵲。」

康熙十九年庚申（一六八〇）先生四十一歲。

是年先生母董太夫人病卒。

蒲箬柳泉公行述，其中記其祖母篤時情狀：

「庚申，我祖母病篤，氣促逆不得眠，無晝夜皆疊枕瞑坐，轉側便溺，事事需人。我父扶持保抱，獨任其勞，四十餘日，衣不一解，目不一瞑，兩伯一叔，唯晨昏定省而已。我祖母亦以獨勞憐我父。一夕至午漏，鐙光熒熒，啓眸見我父獨侍榻前淚眼婆娑，凝神諦聽，輒嚬呻曰『累煞爾矣』！自是不起。我父自市巴絹作殉衣，并不令我伯叔知也。」

清軍定湖南、入貴州，吳世璠奔雲南。清廷賜尙之信死。

康熙二十年辛酉（一六八一）先生四十二歲。

孫蕙充福建鄉試正考官。

先生有妹遇人不淑，曾賦五古一首憐之。詩云：

「汝生何不辰，坎坷遭顚沛！少小嫁夫壻，無異豺與蔿。蒱博遊蕩子，數日無炊煙，朝南暮以北，一歲恒三遷。兄弟皆貧乏，緩急照顧難。因之任飄蓬，數載絕往還。蕩子舊年去，音問久已愆。忽歸自陳說，投旗在幽燕。邑帖呼妻孥，纍纍相株連。兩女皆幼弱，蚩蚩無愁顏。大婦惟啼罵，誓必歸黃泉！兒朴無所策，垂首在娘前。力難脫爾厄，空對心憂煎。堂上神明宰，慈惻如二天，爲汝一搖尾，或者得其憐，不然亦爾數，聽爾墜重淵。誰能以人力，移此造化偏？兄妹皆淪落，相對一潸然」！

邑令汪如龍見招，即賦七律五首答之，其中云：「年年落魄抱煙霞，回首平時意轉差。倘有一人能相骨，何妨四海更無家。儒冠未達狂生利，呵叱恐遭醉尉加；蹤跡迂疎應勿怪，生平曾不到公衙」。並賦五古二十韻詩一首爲汪公壽。是年四月十六日爲先生懸弧之辰，爲賦「四十二歲初度」五言絕句云：「今日我初度，四十二歲人。當年親志喜，此夕我沾巾」。（見聊齋編年詩集）又賦「降辰哭母」詩云：

「此身何役役？年年客他方。去歲當此日，旋里拜高堂。老母緣新歸，懽喜話農桑。閨人介我壽，凌晨炊餅湯。老母呼我坐，大小繞身旁。開顏顧兒女，時復惠餘觴。團圝聚飲啜，絮語悉家常。因言：『庚辰年，歲事似飢荒。爾年於此日，誕汝在北房。洗兒抱榻上，月斜過南廂。逡巡復爾許，曉鷄始鳴窗，念爾曾幾時，兒女已成行！』言竟顧我笑，耿耿猶未忘。今日復何日？依然羈客鄉。草似去年綠，麥似去年黃！猶疑我母在，不信我母亡。翹首白雲下，靈幃正高張，轉身一相憶，哽慟摧肝腸！」（見聊齋編年詩集）

鄭經卒，子克塽立。

吳世璠敗死於雲南。三藩亂平。

康熙二十一年壬戌（一六八二）先生四十三歲。

是年補廩膳生。蒲箬柳泉公行述：「歲己丑（康熙四十八年、一七〇九）我父食餼二十七年，例應預考。」

淄川苦旱，自春徂夏，赤地無青草，六月十三日小雨，二十日雨暴注，平地水

深數尺，居廬盡沒。（見志異、水災篇）

章邱、淄川大旱。淄川、長山大水，漂沒田廬，溺人畜，淄川大甚。（見濟南府志）

八月十五日唐夢賚爲志異撰序文。

十二月十九日夜與畢怡庵抵足綽然堂，畢子述狐夢事，爲文記之。

劉孔集卒。

清廷誅耿精忠。

康熙二十二年癸亥（一六八三）先生四十四歲。

長孫立悳生。

高鳳翰、西園生。

施閏章卒。

婚嫁全書輯成，先生撰有自序云：

「唐宋以來選擇百餘家，造凶煞之惡名，駭人觀聽，古人不甚遵，頗亦不甚驗。最不可解者爲周堂，不論節候交否，但以逢若吉，逢若凶，此何理也？今必欲集其書，勿乃爲荒唐者愚乎？而不然也。我輩俗中人，舉世奉爲金科，而我獨自行胸臆，既有違衆之嫌，且子女婚嫁，即無所疑忌，而姻家公母，必齦齦以爲不可，遂不得不設酒奉金，轉求術士。故不如廣集諸書，彙其大成，使人無指摘之病，即明知其妄，而用以除疑，亦甚便也。康熙癸亥年誌之」。

是年先生上書孫給諫樹百。

按書內有「比讀閩中『闈墨』見月旦中具有深心，乃知河干竭蹶時，慷慨之心，未嘗稍變也」。可見上書時間距樹百在康熙二十年辛酉（一六八一）充福建鄉試正考官後不久。故定是年上書，書長千餘言，撮要如次：

「先生錚錚朝宁，眞爲閭里生光，眞爲蒼生造福，比讀閩中闈墨，見月旦中具有深心，乃知河干竭蹶時慷慨之心，未嘗稍變也。藉藉官聲，良愜鄙願。然而爲鄉紳者居官而有赫赫名，甚可喜；居鄉而有赫赫名，甚可懼！某欲陳所見聞，又恐聽者不我嘉納，此際徬徨，眞與諫臣挑鐙屬草時，無以少異。顧幸先生能爲爭臣，知必能容爭友。草野之人，不敢謀居官之事，竊以爲居鄉所當知者，蓋有數端，請得而言其略。一曰：擇事而行。（中略）一曰：擇人而友。（中略）一曰：擇言而聽。（中略）

一曰：擇僕而役。每見蠹役貫盈，懼人覆算，遂如中山之狼，借我囊以自庇，不惟衆怒難任，且恐豺狼之性，未能忘情於人肉也。且負人債者，冀投我而人不敢討；犯王法者，冀投我而人不敢追。又他家舊僕壞事而逃，借我以抗其主；否則故主失勢，又復叛而之他。（中略）又其甚者，鄉中狡獪，思假我之聲靈，以濟其暴橫，乃夤緣而入，甫得掛名卯簿，即公然肆行於市井，搆訟於公門，且假主人之威令爲辭，遂使鄉里爲之側目，官長爲之枉法。我之左右，皆其耳目，悉錮蔽不令主知，即偶入主人之耳，又復代爲解說，以惑主聽，因而受害者遂控訴無門矣。抑聞長山邑大夫南公嘗語人曰：『爲令者他氣猶好受，惟宦家大腹奴之氣難受。』此眞經歷之語，其中憤其言戚也。故曰僕不可不擇也。

一曰：收斂族人。凡一人之望重，則舉族之人，多竊其聲靈，以作威福。力之大者，則把持官府；力之小者，則武斷鄉曲。甚且族人之奴僕親戚，亦張我之旗幟，以欺山中之良懦，良可駭歎！況貴族威名遠邇藉甚，即時時收斂之，彼且人人以給諫爲名；若稍加阿護，則邑中之太爺公第，無空閒處所矣。凡此者、惡雖出於衆，作怨實叢於一人，所當與門下人同一箝束者也。故曰，族人不可不收斂也。

凡此數者皆弟之所目擊而心熱，非實有其事不敢言，非實有其人不敢道也。弟之言無可憑信，即先生問之他人，亦必以余言爲誣。但祈先生微行里井而私訪焉，倘有一人聞孫宅之名而不咋舌咬指者，弟即任狂妄之罪而不敢辭。先生存心何等菩提！乃使桑梓愚民聞聲而股慄，誠不知其可矣。曩者劉孔集自武康歸，先生嘗謂之曰：「薑桂之藥亦宜相人而施」。某之言眞辣於薑桂矣！如可節取，則電畢而火之；如其荒謬，即不妨暴之同人，以彰吾過。（下略）

先生歿世後十載，其同邑張元撰「柳泉蒲先生墓表」中有記云：「鄉先生給諫孫公，爲時名臣，而風烈所激，其厮役佃屬，或陰爲恣睢，鄉里莫敢言。先生獨毅然上書千餘言以諷。公得書驚嘆，立飭其下，皆斂戢」。

清提督施琅攻臺灣，鄭克塽降。

康熙二十三年甲子（一六八四）先生四十五歲。

是年在綽然堂獲見所藏帝京景物略，翛然喜然感其卷帙浩繁，不易快讀，乃删其贅詩簡潔其文，編爲選略，並撰有「小引」略云：

「甲子於綽然堂得是書，翛然喜其册八，其目一百又二十九，言累數十萬，錄之須歲月煩僮手指也。然其詩也贅棄之；其記也繁稍稍去取之，狐取其白，盡美則已。爲篇七十又七，爲頁八十又三，簡而可攜，便臥遊也。」

按帝京景物略全書八卷，明崇禎間劉侗、于奕正撰，有崇禎刻本，後其友李堯臣讀其簡略本，亦爲之欣賞稱快，曾撰讀後記云：

「景物略一册，選於柳泉，是則「柳泉景物略」也。余讀之，幽幽曲曲，渺渺冥冥，一步一折，一折一形，乍離乍合，乍斷乍縷，聚而目之，或不能句乎吾氣，定吾神，按丹點，尋墨痕，心幾碎矣！而後其奇漸露，如遊武陵，丹嶂塞天，鳥語入水，紅芳簌簌灑人衣袂，目眩神迷，由竇而入，忽覩秦人，鷄犬桑麻，田廬阡陌，言笑啞啞，不覺驚歎，出咤於武陵太守也。又或怪漁父饒舌，使千古仙源，誤入俗耳。不知無漁父，子驥且無由問津矣！況下焉者乎？然則柳泉之選，又何可少哉！」

省身語錄亦成於是年，書成，撰有自序云：

「余先人盛德之名，聞於鄉黨，凡族人戚友，小有訟事，必來剖愬，求得一言，以判曲直，然生平主於忍辱，時有妄人相干，惟付之不見不聞。余時方少，雖不敢言，而隱謂先人之不武。由今以思，余兄弟不失讀書種子，皆忠厚之讃所貽留也。余半生落魄，碌碌無所短長，自念遺行或多，故不足以發世德之祥，敬書格言，用以自省，用以示後。子能體是書，便為跨灶，孫能體貼，即為亢宗；凡我後人，共聽之哉！康熙甲子」。

康熙二十四年乙丑（一六八五）先生四十六歲。

是年秋摯友同邑名士袁宣四病卒。名藩、字松籬，宣四號。康熙二年癸卯（一六六三）舉人善爲宋元詞曲，讀書精於搜討，遊屐所至，著述滿篋，著有「敦好堂詩古文詞」若干卷。現存「聊齋詞集稿」在八十餘闋中，以與宣四者最多。

聞宣四卒，爲賦「念奴嬌」一闋哀之：

「三秋淫雨，日惓惓相與，投桃報李。返駕無期，人道是明水、松籬逝矣。藤蘚猶新，筆花似故，誰信人眞死！窺園不見，還疑暫復歸耳。　遐想瀟灑生平，吟髭撚斷了，才思如綺。不道堂前燕子來，回首河山非是。古往今來，茫茫泉路，下曾無雁鯉？夜臺寥闊，知君何處棲止？

康熙二十五年丙寅（一六八六）先生四十七歲。

三月初六日孫蕙病卒。

張嵋字石年，浙江仁和人，例監任淄川知縣。神姿卓邁，歷事精明，下車三月，百廢具興；簿書之暇，課士論文，吟詩作賦。嚴保甲，革陋例，邑民謳頌功德。先生亦甚推崇之。

康熙二十六年丁卯（一六八七）先生四十八歲。

張篤慶應選拔貢。

是年春張篤慶赴都入監，應順天秋試，有寄留仙、希梅諸人詩云：「清明時節杏花風，有客南來類轉蓬，駑馬自慙過冀北，神魚終羡奮天東。故人詩酒遲經歲，海國文章賴數公，此後還期俱努力，聊齋且莫競談空」。（崑崙山房詩稿）

是年秋遊歷下應鄉試，闈中越幅被黜。友人畢君關情慰藉，感賦詞一闋，調寄「大聖樂」詞云：

「得意疾書回頭大錯，此況何如！覺千瓢冷汗沾衣，一縷魂飛出舍，痛癢全無。癡坐經時總是夢，念當局從來不諱輸。所堪恨者，鶯花漸去，鐙火仍辜。嗒然垂首歸去，何以見江東父老乎？問前身何孽，人已徹骨，天尙含糊。悶裏傾罇，愁中對月，欲擊碎王家玉唾壺。無聊處，感關情良友，爲我欷歔」。（見聊齋詞集）

由濟上歸來，攬鏡見白髮，彌增感憤，因作「責白髭文」其詞曰：

「嗟汝白髭，何其不通！拳拳在頰，蠶絲相似，皜皜沾啄，魚刺還同。能化妍而爲醜，能使少而爲翁。取憎於鴛鴦隊裏，見笑於佻㒓場中。官有汝則致惡於大僚，士有汝則取厭於文宗。馮唐於焉淹蹇，顏駟因而飄蓬。嗟汝白髭兮胡不情！汝宜依宰相，汝宜附公卿，勛名已立，尚汝不驚；我方抱苦業，對寒鐙，望北闕，志南溟，爾乃今年一本，明年一莖，其來滾滾，其出營營，如䆐穖之客，別去復來，似荒蕪之草，剗盡猶生；抑何顏之厚，而不一頳也！」責已，嗒然隱几而臥。彷彿有素衣丈夫，逡巡而入夢曰：「我髭神也。聞子詬怨，願進一言：乘時鄧禹，棄繻終軍，年方弱冠，置身青雲。我猶未至，彼已軼羣；我之既至，彼爲元勛。白頭宰相，世所常聞，抑亦何惡於我焉？子乃蹉跎歲月，四十無聞，人脫白紵，子尚青衿，不面目之自靦，何怨我之紛紛也？且我之爲人髭也，或稱美於天子，或見拂於貴官，搧搖則萬絲飄頷，掀動則滿座承顏，黑固炫美，白亦壯觀。人美如玉，我貴如蘭。自爲子髭，乃殊不然：朝沾糜粥，暮挫煤烟，呻吟五夜，既斷猶拈，冬受布被之折，夏爲暑汗之沾，爲子髭者，不亦難乎！我不怨子，子胡怨我爲？」

予聞其言，癡若木偶，不敢出聲。欲加夷族，削剃如僧，翕然自顧，是何情形？欲求烏法，強使變更，根如蟻集，醜態彌增。俛首沈思，而得一謀，於是奮然作色而言曰：「咄！汝髭！我所以畏汝者，尚有非望之心焉耳。今將投毛錐，樊竹筒，匣碎琉璃，床敲翡翠，既無上官之逢迎，又無少婦之可媚，我亦何求於汝哉！」

其人逡巡將別，瞠目若懟；但拱手曰：『憑子憑子』！先生豁然而醒，撚髭而視，數莖挺然，猶含怒意」。（見聊齋文集）

摯友同邑畢公權名世持、公權字。康熙十七年戊午（一六七八）鄉試第一。卒年三十九歲。先生賦詩挽之，其中有云：

「仙人跨鶴白雲鄉，劍履雖遙姓字芳；淪落祇應悲老大，窮通元不繫存亡。枯蓬密掩麒麟塚，濕土長埋翰墨香；君已成名我尚賤，未知生死更誰強！」

（見聊齋編年詩集）

復跋公權遺著困傭詩集云：

公權天分絕人，而其生平多病善思。每憶亡書，或字句不得，輒輾轉終夜韃，且困頓至不可起。同人論其爲文如獨繭抽絲，亦可想見其爲人矣。生平口不言詩，偶一作，亦稿而投之箱篋，不甚示人，故人亦罕見之。今人琴去矣！搜得其吉光片羽，讀之鏘然，悲涼尖穎，直將前無古人也者。使假之數年，逸以翰苑，王、李之幟何足拔，鍾、談之壇何足登哉！才人一生，適值殷陽文劫，寧非天耶！詩中喜用愁恨鬼死，亦長爪不年之讖也！嗚呼松齡跋」（見聊齋文集）

是年淄川重修縣志。知縣張嵋監修，因有縣志舊稿，仍由高珩、唐夢賚、畢際有董其事。張紱、孔繡佐編輯。即於是年付梓。

康熙二十七年戊辰（一六八八）先生四十九歲。

是年修族譜，譜成先生撰有「族譜序」云：

「按明初移民之說，不載於史，而鄉中則遷自棗、冀者，蓋十室而八九焉。獨吾族爲般陽土著，祖墓在邑西招村之北，內有諭葬二：一諱魯渾，一諱居仁，並爲元總管，蓋元代受職，不引桑梓嫌也，然歷年久遠，不可稽矣。

相傳傾覆之餘，止遺藐孤，吾族之興也，自洪武始也。洪武四年，按戶出軍，關梡埰籍或兩戶、三四戶，其情關切，有同宗之義焉。如吾姓之與劉、郭，是已。迄今郭姓寥寥數十人，劉更陵替，其不絕者僅如綫耳；而吾族子姓日蕃，所居滿井莊，由此而易其名（即今名蒲家莊）。

萬曆間，闔邑諸生食餼者八人，族中得六人焉。嗣後科甲相繼，雖貴顯不及崔、盧，而稱望族者，往往指屈之，豈非以宗支敦睦，無墮家聲哉！（下略）

獨是舊譜不修數十矣，殘缺失次，幾不可復考，而珂也有心，搜故抄而詢黃髮，趾也助以筆札，校竄年餘，略能成册，松得受而考核傳志之」（下略）（見聊齋文集）

畢刺史儆樊堂落成，先生賦詩有記云：

「東園雅地舊蒿萊，初搆三楹壓綠苔；乍有游人啼鳥散，忽疑深樹化城開。短畦新插十竿竹，小徑斜通數尺台，几榻悠然花未老，朝朝乘興杖藜來。嘉樹成林竹數株，風煙絕勝小成都。洞開門戶胸襟豁，新剪茅茨境界殊。鷄犬聲添村舍色，桔槔水入「輞川圖」。楸枰雖設閒人少，北里賢兄更一呼。（見聊齋編年詩集）

先生園中小築落成，有叢柏當門，顏綠屏齋，賦七律詩十首，茲選錄其中兩首云：

「新廬結傍院東頭，垂老經營羨四休，聚蛭蟻為風雨計，啣泥燕作子孫謀。茅茨占有盈尋地，搜括艱於百尺樓，遙憶後人應笑拙，聊同兒輩寄吟謳。半畝荒園屋漸稠，曉來兒女亂啁啾。長男幸可教，諸弟薄地僅堪飯兩牛。明月上牀清客夢，涼風送雨醒花愁。豐年穀賤人無恙，何必歌鐘羨五侯！（見聊齋編年詩集）

喻成龍任山東鹽運使。

康熙二十八年己巳（一六八九）先生五十歲。

邑侯張石年嵋去淄，擢甘肅鞏昌府同知，淄人為紀賢邑侯，為建「沈、張二詞」紀之。（見淄川縣志）

先生有「送別張明府詩七絕三首，茲錄其一首云：

「聽唱驪歌意倍難，攀轅涕淚遶河干。文章元自無雙士，撫字羣推第一官。

袖裏清風姑射潔，鑑空秋水月明寒；於今聖主虛前席，更待長才策治安。」

復「撰悲喜十三謠」並有「小序」云：

「叔度來三年矣。日噢咻人春和中人骨。聞拔擢去，如嬰離母也抱者。適駕南巡，謀要遮之而以請，肩所摩滿衢，踵所止滿邑，涕所墮皆滿眶。謀而合衆心則喜。能行者馳之，弱者不能行資斧之；騎者、步者，肩負腰纏，如蟻遷其國，數十里塵無斷際，縷縷慼慼然道相屬。然萬趾南圖，而龍飛西去遠矣。數矣哉！居者眩眩目睛勞，遇南北行人，絮絮捉問之，既得耗，無老幼皆懊。無靈蠢皆愴，無男女皆涕洟。里中三五偶而語，口無雜典，悼今離，道昔德，政慈語也。共言侯去悲六、喜七。初不解，請屈其指，恍然始信。感為謠，聽輶軒採擇焉。」

正糧一百外差千，歲歲清除感二天。只恐仁明新令尹，初來不解省民錢！農人悲

貧苦忻逢卷費廉，君侯西去我何堪！直將抱卷隨鳧舄，從此移家向渭南。儒生悲

鼠雀潛蹤虎翼收，石壕村裏靜幽幽。三年纔得眠高枕，又杖青藜送細侯。鄉人悲

老父長愁老嫗哀，只因蕩子苦低徊。棘中鸞鳳高飛去，袋內猢猻放出來。翁嫗悲

白望無聞估肆安，羣商送別語言酸。商量共醵錢千百，准備來年答應官。肆賈悲

憐才不惜語褒揚，座上春風齒頰芳。一曲驪歌齊下淚，卿恩不是爲捐囊。名士悲

屏息懨懨相對愁，騎差奔入笑無休。郵傳接得遷官報，也有侯名在上頭。衙

役喜

三年盧雉不曾呵，官禁新弛意若何？倒篋看來骰子在，塵埃吹去又摩挲。博

徒喜

從此河陽不種花，誰將曲直辨蓬麻？只拚十萬青蚨子，買得衙門當作家。豪

強喜

刀筆無靈舊槖輕，從今里舍復知名。只消一片剡溪紙，木索郎當繫滿城。訟

師喜

雅仕行來舊染清，巫風久不到山城。昨朝又摘頷髭盡，打點臙脂上戲棚。端

工（巫師）喜

花封何處買金釵？半掩柴荊首暫埋。直到雙鳧飛去後，再求保甲上門牌。娼

戶喜

福威久不自臣家，階下蓬蒿亂似麻。邸報初聞應大笑，欲同兒女拜鐙花。苞苴喜（見聊齋編年詩集）

周統字興安，湖北應山人，進士，任淄川知縣。

王士禛題有志異七絕一首云：

「姑妄言之姑聽之，豆棚瓜架雨如絲。料應厭作人間語，愛聽秋墳鬼唱時。

」

先生依韻答之云：

「志異書成共笑之，布袍蕭索鬢如絲。十年頗得黃州意，冷雨寒鐙夜話時。

」（見漁洋年譜、聊齋編年詩集、鑄雪齋聊齋志異鈔本）

康熙二十九年庚午（一六九〇）先生五十一歲

是年秋先生赴濟南應鄉試，第一場試題「子貢曰譬之高牆」，「是故君子先愼乎德」一節，「孔子登東山而小魯，登泰山而天下小」。時主司已擬元二場因先生抱病不獲終試，再被黜，主司深爲惋惜，先生自此亦不復闈戰矣。

在聊齋詞集有庚午秋闈，二場再黜，調寄「醉太平」詞一闋：

「風簷寒燈，譙樓短更，呻吟直到天明。伴崛強老兵，蕭條無成，熬場半生，回首自笑濛騰，將孩兒倒繃」。

在「述劉氏行實」亦有記云：「松齡年七十，遂歸老不復他遊。先是五十餘猶不忘進取，孺人止之曰：『君勿須復爾，倘命應通顯，今已臺閣矣。山林自有樂地，何必以肉鼓吹爲快哉！』松齡善其言」。

康熙三十年辛未（一六九一）先生五十二歲

是年喩成龍轉山東按察使。

九月至濟南，遊東流水即爲畢刺史際有物色菊種，賦七律詩兩首記云：

「主人亭榭近芳洲，竹樹蒼蒼景物幽。院背高城臨戶見，溪穿小苑入牆流。菊畦恨不寬盈畝，山色何當更滿樓？鷄犬遙聞仙境異，桃花疑在水西頭。小樹池塘物色嘉，樓臺秋樹接煙霞。勝傳東國無雙地，路出西城第一乂。曾聞安豐私玉李，不聞靖節吝黃花。攜來佳種容相易，金谷重尋太尉家。（見聊齋編年詩集）

康熙三十一年壬申（一六九二）先生五十三歲

是年爲王梓岩作追遠集序云：

「王子梓岩文章風雅，弱冠知名，而諷詠餘暇，兼精顧陸之長，且鐫鏤圖章，罔不臻妙，非其慧業深耶？而其至性敦篤，一意孤行，凡深所寄，點者或以爲愚，而王子正過人遠甚。高堂既就窀穸，復躬負奇石爲碑案供爐，手足心目

俱竭，夏汗浹踵，冬風裂膚，日傴僂於殯宮之間，三年始成；望之巖岫嶙峋，真古今之創舉，天下之奇觀也！（下略）

（見聊齋文集）

是年長兄兆專字人樞卒，賦詩哭之。詩云：

「除夕殷殷話語長，誰知回首變滄桑！謦欬不聞眞似夢，酸辛頻噈已沾裳。繫念從來惟手足，傷心寧復過存亡！歸來獨向齋頭坐，彷佛履聲到草堂。長別人生終須有，雁行生折最傷神！忽看里社餘雙淚，每值團圞少一人。惡業慘酷惟後死，悲心感切在終身。年年聚首無多日，悔向天涯寄此身！（見聊齋編年詩集）

康熙三十二年癸酉（一六九三）先生五十四歲

喻成龍轉山東布政使。

喻成龍見先生詩傾慕不已，飭邑令盡禮敦請。邑令馳驛遣吏伴送赴濟南藩署館之幕中數日，爲賦詩題梅花書屋圖而還。詩云：

「臘月梅花繁滿枝，千朵萬朵紛離披。時雜書香抱書屋，橫斜疏影白如簇。庭院無風香自流，寒蕊墮地芳塵撲。翹想屋內白雪人，品似梅花淡煙拂。頻倚畫檻笑吟生，墨瀋飛霞散珠玉。崩雷裂石青天驚，直探驪龍握雙角。大雅眞能起浮衰，寧止仁聲遍空谷！剡溪安道肖作圖，千里雪山滿尺幅。身入羅浮夢依稀，恍對旃檀聞清馥。我分筆札憶梅開，如坐春風登春臺。」（見聊齋編年詩集）

王洪謀柳泉居士行略：「喻方伯成龍、正菴見詩傾慕，飭周邑侯興安盡禮敦請先生。高臥不起，畢刺史載績、際有父子勸駕，乃肯一往。邑侯馳驛遣吏，伴送之藩署。方伯儀禮有加，館之幕中者數日，爲賦梅花書屋圖而還。此可知孤介之性情矣」。

畢際有卒先生爲詩挽之，并作「徵挽詩序啓」。

先生撰「哭畢刺史」七絕八首，茲錄其中一首云：

「琴尊冷落小堂空，苦憶歸田靖節翁。老後生涯棋局裏，閒來情緒菊花中。

離奢始恨相知晚，聚久寧疑好會終？玉骨珊珊人何在？三山嶺畔海雲東。（

見聊齋編年詩集）

康熙三十三年甲戌（一六九四）先生五十五歲

時維豫漢軍鑲藍旗人，歲貢，任淄川知縣。

是年喻成龍離山東布政使任，先生有「送喻方伯」古體詩送之云：

「嘉樹自有陰，良禽亦有媒。細麻生蓬中，雖直固不才。國士策高足，誰能終

蒿萊？卞和抱荊璞，獻上章華臺。楚王憒不顧，棄之等塵埃。生平寡親合，至老

同嬰孩羞見城市人口吃不能開枯螢照蓬窗冷几研竈煤名賢蒞東疆偉抱傾琪瑰叨陪何遜後給札賦官梅慮夷貞愛士煖律吹寒灰招此飄泊魂，入室羅春醅豁達見胸襟爽氣清九垓猥以菅蒯姿越府備三才駑馬遭孫陽造物爲忌猜掃軌方恨晚除詔何迫催宇內有知己萬里猶庭階祝望在功勳離別寧足哀！」（見聊齋編年詩集）

康熙三十四年乙亥（一六九五）先生五十六歲

是年與張歷友、李希梅同遊濟上，歷友有詩記云：「千年華嶽一峯青，有客同尋湖上亭；白雪樓中春寂寂，知君何處弔滄溟？」先生亦有詩記云：「歷城湖水遶高城，勝地新開爽氣生，曉岸煙消孤殿出，夕陽霞照遠波明。誰知白雪清風渺，猶待青蓮舊譜盟，萬事興衰俱前數，百年佳跡兩遷更。（見崑崙山房詩集、聊齋編年詩集）

康熙三十五丙子（一六九六）先生五十七歲

是年在濟上名士朱子青、緗攜酒謁敘先生亦欣然相接，並有「答朱子青見過惠酒」七絕三首：

鏡影蕭蕭白髮新，癡頑署作「葛天民」。愛蓮舟過明湖水，問舍衣沾歷下塵。狂態久拼寧作我，高軒乃幸肯臨臣！不歉老拙無邊幅，東閣還當附惡賓。踏泥借馬到南城，高館張筵肺腑傾，豈以作賓擬枚乘？徒勞入市過侯嬴。錦堂蘊藉詩千首，褐父叨沽酒一盛。公子風流能好士，不將偃蹇笑狂生。棨戟門庭近女牆，梁園上客滿高堂。童心儇佻遲方悔，戲技窮愁老亦忘。北海論文憐杜甫，江州賣酒過柴桑，淫霖快讀驚人句，未覺深秋旅夜長。

子青爲朱宏祚長子，有雋才，博洽明達，潛心經史，尤致力聲詩。雅慕先生道德文章，遂攜酒謁敘，先生亦欣然訂友，時子青年二十七歲，少先生三十歲也。

先生「懷刑錄」書成，先生自序云：

「聖人制禮以範世，而世多悖禮則刑生焉。刑也者，所以驅天下之人歸於禮者也。顧鄉里之愚夫，目不睹聖明之法，猶往往而犯之。即如罵之一道，出於口而無形，至細也，而子孫施諸祖父母，奴婢施諸家長，皆論死；世俗烏得而知之乎？邱子行素集五服之禮，並稽五服之律，授余相質。余讀而嘆曰：『充此意，使讀禮者知愛，讀律者知敬，其有裨於風化，非淺矣！』余因即其本而錯綜之，隨親屬別作部，俾尊卑之分，親屬之義，愚夫婦一見可了。而又集日月所易犯者，增之，爲懷刑錄。庶吾人知所措手足乎？總顏之曰：「措素書」。行素邱子當不以余言爲河漢也。

康熙三十七年子月上浣」（見聊齋文集）

是年唐夢賚豹嵒七旬初度，先生賦五古一章壽之。（見聊齋編年詩集）

康熙三十六年丁丑（一六九七）先生五十八歲

是年在其故居地院中積土編茅築一斗室，自題曰「面壁居」，並題詩記云：「斗室顏作「面壁居」，一牀兩几地無餘。頻煨榾柮雲窟似半架，衡茅繭室如搦管兒曹呈近藝，塗鴉童子著新書。幾時能買田百畝，及爾科頭棲舊廬」。

原詩並有先生註：『幼孫學著小說，數年成十餘卷，亦可笑也。』所稱幼孫指其長孫立悳也。」（見聊齋編年詩集）

「小學節要」書成，先生有跋：

「小學之書教人以事親敬長之節，威儀進退之文，良足發人德性，眞不啻取天下之童蒙而胎教之也。然其書廢置已久，不惟目所不及見，並耳所不及聞者。邇年童子之科，取數綦隘，往往年踰不惑，猶操童子之業，忽增五六萬言，俾同總角者咿唔其中，亦良苦矣。余節取其要，存三分之一，以便老蒙士之記誦，不許齠齔者竊取也。康熙丁丑十月望後四日。」（見聊齋文集）

是年選宋律詩三百二十二首，名曰「宋七律詩選」，附以跋語曰：

「宋人之什，率近於俚，而擇其佳句，則秀麗中自饒天眞，唐賢所不能道也。丁丑冬，余從畢子崑朗假得詩鈔閉閣錄之，因其浩瀚，即有絕工處，而他句太不相稱者，輒棄去，故僅存三百二十二首。吾於宋集中選唐人，則唐人遜我眞也，敢云以門戶自立哉！末載戴公一什，亦聊解嘲耳。臘月十四日。」（見聊齋文集）

是年冬有「贈畢子韋仲」詩七律五首，茲錄其三首：

「宵宵鐙火共黃昏，十八年來類弟昆。博士乘車依鄂杜，馮驩彈鋏老平原。疏狂剩有葵心在，肺腑曾無芥蒂存。高館時逢卯酒醉，錯作弟子作兒孫。寒窗相對幾何辰？握手驚看白髮均。每憶少年如隔世，偶談往昔易沾巾。梁鴻垂老因人熱，鮑叔深交念我貧。他日移家冠蓋里，擬將殘息傍門人。凝寒不雪晝常陰，百感中來自不禁。愁趁衰情添白髮，貧緣癡緒夢黃金。半窗炤影梅花月，數載連牀夜雨心。落木蕭蕭冬又暮，一堂鐙火兩情深。（見聊齋編年詩集）

高珩念東卒，先生有「挽念東高先生」詩七絕三首，茲錄其一首云：

「文章口澤滿乾坤，老臥東山譽望尊。千里幾無文獻在，十載賴有典型存。魂歸關塞楓林黑，星隕台坦日色昏。滅度元求無病死，九原樂否更何論（僕嘗問先生何修？答曰：我非祈福，但求無病死耳。）」（見聊齋編年詩集

）

念東先生歿世前，呼子孫與訣曰：「己所不欲，勿以施人；天之所惡，勿以行之」無疾而逝，享年八十有六。

康熙三十七年戊寅（一六九八）先生五十九歲

是年唐夢賚豹喦卒，享年七十二歲。先生代衆紳作祭文。（見聊齋文集）

康熙三十八年己卯（一六九九）先生六十歲

是年康熙帝南巡，開河，講治水策。

康熙三十九年庚辰（一七〇〇）先生六十一歲

趙錫仁、江南江陰人，進士，任淄川知縣。

邑令趙錫仁謀建西關大橋，請先生作募捐序。（見聊齋文集）

有「自嘲」七言詩一首云：

「皤然六十一衰翁，飄騷鬢髮如枯蓬。驥老伏櫪壯心死，帖耳嗒喪拚終窮。餘子紛紛向南宮，吾徒跡落仍闒茸。眼中駑才策不進，墳起五嶽塡滿胸。傍倪慭慭爲熱中，擊卓努色開方瞳。長茅束卷置高閣，重將解結揮塵蒙。餘息尚存眼底空，攘臂直欲追裴公！白頭見獵猶心喜，起望長安笑向東」。（見聊齋編年詩集）

康熙四十年辛巳（一七〇一）先生六十二歲

是年新城王士禛時官刑部尙書，曾請假歸里，十月假滿赴京，先生賦五古一首送別云：

「奎壁照齊魯，光茫亙萬丈。羣登李郭門，共爭滕薛長。白髮臥衡茅，傾風起遙想。登高眺平原，山川何修廣！恨無雙飛翼，飄墮親几杖。雖固隔塵情，夢中常獨往。遙遙問何爲？謦欬傳雲響。未睹衡氣機，心情亦開朗。愧無項斯善，堪蒙士元。獎學類炳燭明，力衰志猶倣。憐此危敗魂，老去更惚恍。喜近子雲居，得奇冀參賞。忽復遠違乖，中心殊悵惘。芳鄰如他遷，四繚剩墟莽。聖明望治深，駕言不可強。名夾琉璃瓶，動行炳天壤。舍人促裝行，大地盡瞻仰。」（見聊齋編年詩集）

是年冬聞張歷友自湖北歸，懷以二律：

「風雨懷人晚尤劇，可堪長在別離中：十年老友晨星散，百歲韶華逆旅同。歷盡艱難消壯節，凋殘鬢髮感秋蓬。何時一話南遊快，共放寒鐙徹夜紅。幾載長離短髮蒼，懷人猶憶舊時狂。年銷驢背紅塵裏，醉臥壚頭少婦旁。世上獨醒惟二老，市中歌泣欲相將。邇來衰憊慚君甚，遊興蕭條久已忘。」（聊齋編年詩集）

康熙四十一年壬午（一七〇二）先生六十三歲

三月，病初愈，首途赴濟，途中遙見山村紅綠如畫，有詩記之。（見聊齋編年詩集）

抵濟後一日，朱子青邀宴，席間得識安邱張杞園貞先生，相與論學，恨相識晚，「依依援止不覺日暮」，乃訂交而別，復贈杞園「歸途放歌」長詩云：

「先生卓犖絕世才，揮毫立灑煙雲開。尤喜一庭三玉樹，英英驥子皆龍媒。德星今日方東聚，斗酒欲壓眉山摧。高名日日喧吾耳，依稀百里聞風雷。華筵幸識紫芝面，瓊樹坐對融心懷。得登龍門展清嘯，下視一切等浮埃。籠霄氣爽驚四座，擘海金翅凌九垓。所恨抱璞慳一剖，明侍遺棄空蒿萊。談傾忽出明湖記，金石聲發有餘哀。我亦頭白歎淪落，心顏對此如死灰！久與罔兩相向語，如此骯髒世所猜。握手纏綿示肝鬲，墮身雲霧忘形骸。留連不覺日昏暮，雨餘滑滑泥滿街。跌蹶幾將成泥鮒，倒著接䍦歸去來。

朱主政子青席中得晤
杞園先生依依援止不覺日暮歸途放歌，即呈
教正　　　般陽弟蒲松齡　　（見張氏後裔珍藏手蹟聊齋編年
詩集）
八月十九日，自濟南回淄川。
十月初七日歸家途中日暮，爲詩記之。（見聊齋編年詩集）
「夢王如水」有「小序」云：「如水病瘳半年不復見之。八月十九日，自
濟門歸，聞其復病，因迂道擬一握手；及門則已成今古，入哭而行，將挽以詩，
久之未就，重陽後三日，忽夢如水至，相見如平生，笑曰：「君欲貽何遲也？」
頓憶其亡，持哭而寤，嗚呼悲如何矣。（詩見聊齋編年詩集）
作「南山壽畢年伯母」長歌。（見聊齋編年詩集）

「題張杞園遠遊圖」七絕一首云：

「誰者肖作湖海人？將無似我老張君？箬笠猶沾綠江雪，奚囊盡括青山雲。遊山欲抱浮丘袖，笑我雙瞳小如豆。髯兮髯兮遊何之？布襪行纏從而後。」（見聊齋編年詩集）

康熙四十二年癸未（一七〇三），先生六十四歲

「四月十八日，與笏過奐山，風雹驟作」爲詩記之。（見聊齋編年詩集）

「題玉斧立雪詩思圖」、詩云：

「鶴氅從容意態閒，蒼茫無盡雪漫天。人疑京洛羊車裏，思在灞橋驢背間。」（見聊齋編年詩集）

高五雲，漢軍正藍旗人，歲貢，任淄川知縣。

康熙四十三年甲申（一七〇四）先生六十五歲

是年「日用俗字」書輯成，有序云：

「每需一物，若不能書其名。舊有「莊農雜字」，村童多誦之。無論其脫漏甚多，而即其所有者考其點畫，率皆杜撰，故立意詳查字彙，編爲此書，土音之訛，如猳讀爲脚，種耜讀爲種，使之類，悉從「正字通」。其難識者，并用音切於大字之側；若偏旁原係諧聲，例應讀從半字，概無音切。或俗語有南北之不同者，偶一借用，要皆字彙所有，使人可以意會，雖俗字不能盡誌，而家常應用，亦可以不窮矣。」（見聊齋文集）

是年淄川穀貴民饑。六月初八得雨，苗茂盛，七月蚜蝣生，遍地如蟻，繼之以蝗，歲歉，詔免本年田租，開倉賑濟。先生有「記災前後篇」，「救荒急策上布政司」書。（見聊齋文集）（淄川縣志）

五月自濟歸，見流民載道，問之，皆淄人也，爲賦古體詩一首記之，云：

「大旱已經年，田無寸草青。大風折枯蓬，壠頭黃埃生。五月行復盡，寧猶望西成！壯者盡逃亡，老者尚咿嚶。大村煙火稀，小村絕鷄鳴。流民滿道路，荷簏或抱嬰。腹枵菜色黯，風來吹欲傾。飢屍橫道周，狼藉客驂驚。我行至舊村，鄰半為逃氓。官慈盜日多，日落少人行。父老對欷歔愁旱心煎烹，尤恐天雨降，晚田無人耕。」（見聊齋編年詩集）

九月王士禛罷歸自是還鄉里居。

康熙四十四年乙酉（一七〇五）先生六十六歲

「病齒」詩記云「古稀行近老且衰，三十二齒皆浮危。左車右車兩半齒，欲落不落尤傾欹。飲冷啜熱均為患，偶觸劇痛切心脾。齦肉墳起貫珠顆，時殺時作難瘳夷。因痛得搖搖得墮，勢將凋謝無孑遺。目昏幸不礙披覽，舌在猶足宣狂癡。龍鍾語誤誰復怪？龐贅缺殘何須悲！」

「上元日食粥隱落半齒」有五言絕句記云：

「老齒漸彫落，舌存幸不妨，況猶餘半壁，殘缺尚成行」。（見聊齋編年詩集）

是年「農桑經」書成，有序云：

「居家要務，外惟農而內惟蠶。昔韓氏有農訓，其言井井，可使紈袴子弟，抱卷書生，人人皆知稼穡。余讀而善之，中或言不盡道，亦或行於彼不能行於此。因妄為增刪，又博採古今之論蠶者，集為一書，附諸其後，雖不能化天下，庶可以貽子孫云爾。」

康熙四十四年歲在乙酉正月二十四日」。（見聊齋文集）

是年三月赴濟，途中有詩記云：「馬上吟鞭背曉暉，杏花村盡燕飛飛。風開細柳黃初褪，煖入平蕪綠無肥。晚麥如綠春慘淡，舊村經眼夢依稀。長途人

自愁邊至，惟見隨陽雁北歸」。（見聊齋編年詩集）

「四月十八日喜笏筠入泮」賦詩記云：

「中男行年踰三十，小男參差近而立。年年文戰垂翅歸，兒時小品仍編輯。不恨囊澀怨學疏，蓬茅坐對空邑邑。今歲校士遭奇荒，猶守舊轍戀鷄肋。婦子減餐供糗糧，資斧尤費周張力。眼中但見一芹青，抱卷亦猶生顏色！兩兒乃復破天荒，幷邀天幸被掇拾。非遇關西徹底清，幾何不作向隅泣！小慚小好且勿懽，無底愁囊今始入。」（見聊齋編年詩集）

康熙四十五年丙戌（一七〇六）先生六十七歲

是年初「藥祟書」成，有序云：

「疾病，人之所時有也。山村之中，不惟無處可以問醫，並無錢可以市藥。思集偏方，以備鄉鄰之急，志之不已，又取本草綱目繕寫之，不取長方，不錄貴藥。檢方後立遺村童，可以攜取；但病有百端，而僅爲四十部，殊覺荒率，而較之在綱目者，則差有涯岸可尋矣。偶有所苦，則開卷覓之，如某日病者，何鬼何祟，以黃白財送之云爾。

康熙四十五年二月十五日」。（見聊齋文集）

「夏客稷門僦居湖樓」，得七絕兩首云：

「西來僦屋水雲間，枯坐攤書四壁閒。雨過開窗風滿座，獨持杯酒看華山」。

「半畝荒庭水四周，旅人終日對閒鷗。湖光返炤青連屋，荷氣隨風香入樓」。

（見聊齋編年詩集）

「試後勉兒、篪孫立悳」詩云：

「黃河有清時，竊疑昔人誑。衡文失清公，此聞寧非創？今眞見其人，心眼爲開曠。單寒盡鼓舞，志灰氣復壯。爾輩久偃蹇，年年被黜放。不羞濫竽逃，學造錢

神謗今番仍落拓，將何塞誚讓？猶幸有來年，憤發堅所向。千載失一時，此生復何望！（見聊齋編年詩集）

「示箬」七絕一首

「垂老逢場意氣生，喜看年少占時名。一門康了無生色，幸爾剛沾化雨榮。」（見聊齋編年詩集）

是年朱子青爲志異題詞七絕三首。

韓遇春字義仙，甘肅清水人，進士，任淄川知縣。

康熙四十六年丁亥（一七〇七）先生六十八歲

代畢韋仲作邑侯韓義仙「寄子記」。（見聊齋文集）

是年朱子青卒，先生聞訊，哀悼不已，爲詩輓之云：

「蘊籍佳公子，新詩喜共論。如何一炊黍，遂已變晨昏！歷下風流盡，楓香黑

氣存未能來覩弔，雪涕賦招魂。」（見聊齋編年詩集）
「朔日髮辮爲髴工削去半尺」，賦五言絕句一首記之云：
「荒年肢體悴，毛髮未成災。今復除煩惱，從茲順境開。」（見聊齋編年詩集）

康熙四十七年戊子（一七〇八）先生六十九歲

是年二月十五日赴濟南，時值雨後道途泥濘，乃作「鈍蹇行」古體詩一首。

在濟南旅次，適值考期，因就所見，爲賦「歷下吟」並序云：
「薄遊稷門，適值試士，少見多怪，因志所感，索和同人」。
「試期聽唱名，攢弁類堵牆。黑鞭鞭人背，跋扈何飛揚！輕者絕冠纓，重者身夷傷。退後遲敷應，逐出如羣羊。貴倨喜嫚罵，俚媟甚俳倡。視士如草芥，而不齒人行！帖耳俱忍受，階此要寵光。此中求伊周，亦復可惻愴！」
羈留幾兩月，拆名尙未確。看囊無一錢，蕭然剩空橐。盎粟儲正供，竭貲悉糴卻。缶中蛇不存，皮骨盡剝削。東海有名士，旋歸失發落。遠牒追逮至，與立三章約：五日一隨場，命題試兩作。日久資斧絕，歷下猶漂泊。踵決衣帶斷，乞食在郊郭。友朋哀王孫，減餐進杯勺。自言千里人，寄信道遼闊。丐活何可久？恐將葬溝壑！
司衡眞巨擘，近世罕匹儔。明月無私照，良才亦見搜。朱標案將出，紅箋報已投。處處皆爾爾，無人問所由。獨自至般陽，妄聽怒嘲啁。云此有關節，案名一筆勾。佳文受特知，反顏視若仇。黜卷久束閣，憑取任所抽。顛倒青白眼，事奇眞殊尤。賢守爲寬譬，拗怒無夷瘳。良士亦何辜，陷此壑谷幽！芹微亦名器，擲握如投骰。翻覆隨喜怒，呼吸爲棄收。古來僅一見，聞者心駭憂。厚實旣已謝，賢名亦不留，方嚴自有道，何必在謬悠？
收錄仍棄捐，悲憫怨落拓。乃復被拘留旅食待敲扑。不得趙孟貴，徒苦趙孟惡。——趙孟設身處，無乃太酷！虐怨毒至終身，安能遽忘却？自謂矢清公，道路爲一噱。

試童禁回籍，古來未曾聞。邑童恆數百，額取十餘人，羈留在逆旅。資糧苦艱辛。內翰出司文，趾高氣如雲。夕發期朝至，愆期褫服巾。驕浮濟刻薄，遂成無道君。萬人被黜落，道路涕紛紛。旋里無顏色，志士死不存。河伯如不怒，到海必不渾。何必大方笑，望若始云云」？（見聊齋編年詩集）

是年同邑張篤慶爲志異題詞七律三首。（見鑄雪齋聊齋志異鈔本）

五、年譜五　七十歲至七十六歲歸家安居

康熙四十八年己丑（一七〇九）先生七十歲

是年先生辭畢氏聘歸家。

蒲箬柳泉公行述內亦有記云：「老親素絲垂領，尚不得安享人子之奉，此豈復以爲人迨撤帳歸來年七十矣」。

是年二兄柏齡辛甫卒。辛甫病甚彌留，自言適至一處，門額「黃桑驛」，或謂余當居此。視之一望無際，止寥寥數屋。先生遂賦二絕焚之，詩云：「兄弟年來鬢髮蒼，不曾三夜語連牀，黃桑驛裏如相見，別日無多聚日長。百畝廣庭院不分，索居應復念離羣，驛中如許閒田地，煩搆三楹待卯君」。

（聊齋編年詩集）

初夏閱齊民要術，乃手錄之，並自誌手稿云：

「己丑初夏，偶閱齊民要術，見其樹畜之法甚有條理，乃手錄成册，以補家政之缺」。

康熙四十九年庚寅（一七一〇）先生七十一歲

是年貢於鄉。

王洪謀柳泉居士行略：「庚寅貢於鄉。」

蒲箬柳泉公行述：「歲己丑，我父食餼二十七年，例應預考，庚寅歲貢。」

按淄川縣志貢生門小傳：「……辛卯歲貢，茲從王蒲說，庚寅歲貢。」

是年春，邑行鄉飲酒禮，與張歷友、李希梅同先生公舉爲鄉飲介賓，禮畢歸爲詩記之云：

「憶昔狂歌共夕晨，相期矯首躍雲津。誰知一事無成就，共作白頭會上人。

」

先生仍居其「面壁居」，斗室東阡課農，南窗讀書，心閒意適，賦詩誌樂云：

「聊齋有屋僅容膝，積土編茅面舊壁。叢栢覆陰晝冥冥，六月森寒類窟室。卓午東阡課農歸，摘笠汗解塵煩息。短榻信抽引睡書，日上南窗竹影碧。憐我趁食三十年，辜負此君殊可惜！垂老倦飛戀茅衡，心境閒暇夢亦適。癯儒相習能相安，與我廣堂我不易。」

時有淄川已革職之汚吏漕糧經承官康利貞，以寅緣顯者復回舊任，並聞出於新城王士禛司寇與淄川譚無競太史爲之關說。邑人驚嘆，而莫能爲，先生乃奉書士禛，復與張益公同上書譚無競，勿使康利貞復回舊任。（兩書見聊齋文集）

吳堂，湖南、華容人，進士，任淄川知縣。

康熙五十年辛卯（一七一一）先生七十二歲

是年仲春爲封翁敏吾公建墓碑。

五月十一日王士禛卒，賦詩四首輓之，茲錄兩首：

「五月晦日夜夢漁洋先生枉過，不知爾時已捐賓客數日矣。」

「昨宵猶自夢漁洋，誰料乘雲入帝鄉！海嶽含愁雲慘澹，星河無色月淒涼。儒林道喪典型盡，大雅風衰文獻亡。薤露一聲關塞黑，斗南名士俱沾裳！高軒聞昨玉京游，老淚橫披不自由。國士忍看埋玉樹，達人已自樂瑕丘。祇深騷雅垂亡懼，不比尋常死別愁。道遠未能將絮酒，垂纓屣履恨千愁。（見聊齋編年詩集）

「自青州歸過訪李澹庵，值其旋里，繞舍流連，率作俚歌」。（歌見聊齋編年詩集）

「二十七日旋里至夜大雪」賦詩記之云：

「行旅休裝日馬蹄帶曉暉。途遙苦倦憊雪甚幸旋歸。爐火幃房煖，兒孫笑語圍。始知在家樂，禽犬俱忘機。」（見聊齋編年詩集）

「喜立悳采芹」

「昔余采芹時，可曾冠童試。今汝應童科，亦能弁諸士。微名何足道？梯雲乃有自。天命雖難違，人事貴自勵。無似乃祖空白頭，一經終老良足羞。」（見聊齋編年詩集）

至歲暮，賦五律一首誌之。詩云：

「七十有二歲，衰慵朋舊疏。苦閒拈禿筆，撥悶檢農書。忽忽日已去，迢迢年復除。此身幸頑健，敢恨食無餘？」（見聊齋編年詩集）

康熙五十一年壬辰（一七一二）先生七十三歲

譚襄字守正，江西高安人，舉人，任淄川知縣。

「老歎，簡畢韋仲」

「四百四十五甲子，光陰忽如風過耳。遙憶年少見衰翁，自道此生永不爾。誰知白髮增益增，百骸疲惰官不靈。健忘已足徵老困，病骨可以卜陰晴。兩齒浮危飄欲墮，殘缺惡勞腹鳴餓。左車苦難轉右車，一臠下咽仍爲箇。耳聾可勿聽眼昏可勿看；獨有齒職同茹納，不得因病停兩餐。此況可與知者道，老友相憐無相笑。（見聊齋編年詩集）

「諸稚孫皆以痘殤，情不可忍」賦詩哀之云：

「暮歲無樂事，分甘諸童稚。何意一堂歡，已招鬼神忌！學步方初成，一朝盡。夭逝眼淚忍不流，鼻酸不成涕。笑啼宛在旁，不敢一回憶」。（見聊齋編年詩集）

「十一月二十七日，大令譚襄贈扁」有詩記云：

「白頭窮經志願乖，慚煩大令爲懸牌，老翁若復能昌後，應被兒孫易作柴。」（見聊齋編年詩集）

先生感年日益衰老，近又重聽，乃賦「老嘆」詩一首云：

「我自五十鬢髮蒼，六十膚綹眉毫長。近得龍耳無角聽，但見人語吻翕張。有時問馬對以羊，嗤然一笑羣閧堂。爲語傍觀勿相哂，人生到此嗟可憫！」

（見聊齋編年詩集）

康熙五十二年癸巳（一七一三）先生七十四歲

是年求邑令發貢金。

六月十一日晚，與子箬共飲。

夏建築「磊軒」落成，益都趙執信爲之題額。

有「磊軒落成示箬」詩記云：

「我不耐愁思，生平樂苟安。人本有餘地，爾務爲其難。半月采璞石，輦積如丘山。人畜赴澗谷，揮汗運陶磚。甕罄錯囊澀，日夜心憂煎。仲夏徂季夏，拮据始告竣。客來一壺酒，登臺望青山。客子快登臨，主人快息肩；主客兩相快，把琖一醺然。」（見聊齋編年詩集）

「七月初一落一齒」，有詩記云：

「三齒俱兀軏，一齒尤傾動。欹側在右車，久廢不敢用。晨餐忽自脫，不血亦不痛。幸在雁行尾，缺一未覺空。三十一齒存，猶不廢吟誦。」（見聊齋編年詩集）

夫人劉孺人暮年多病，歲恒發，然三五日輒已，是年秋八月中秋與女及諸婦把酒，語刺刺至午夜。翌日而病，未遽怪也。踰數日，憊不起，始共憂之。體灼熱可以炙手。醫投寒涼，熱益劇。曰：「世盡庸醫，無益徒自苦，不復藥矣。」諸兒爲市市巴絹作殉衣，方成，二十六日尚臥理家政，燈方張，頻索衣曰：「我行矣。他無所囑，但無作佛事而已。」俄而氣絕。三日具殮，容貌如生。歿後週身皆備，乃於十月十五日午時葬焉。

先生「悼內」詩云：

「浮世原同鬼作鄰，況當歲過七餘旬；寧知杯酒傾談夕，便是闈房訣絕辰！魂當有靈當入夢，涕如不下亦傷神。邇來倍覺無生趣，死後方爲快活人。」

又「悼內」詩云：

「謦欬固宛在，如何謂之死？昨夕瀕澌滅，呻吟臥牀第。事作不如程，開眸尚紀理。忽然聲響絕，云已赴蒿里。觸類紛刺心，淚下不能止。已而轉自笑，人生誰不爾？叟年七十四，相別固無幾。所恨不先行，白頭問鹽米。」（見聊齋編

年詩集）

是年九月，季男筠請江南朱湘鱗爲先生肖像。先生自題誌二則：「爾貌則寢，爾軀則修，行年七十有四，此兩萬五千餘日，所成何事，而忽已白頭？奕世對爾孫子，亦孔之羞。康熙癸巳自題」「癸巳九月，筠囑江南朱湘鱗爲余肖此像，作世俗裝，實非本意，恐爲百世後所怪笑也。松齡又誌」。憶五十年前，民國二十四年乙亥（一九三五）冬，間予過淄川，在洪山東二里許蒲家莊，留仙八世孫蒲星泉、英源先生家，獲瞻此像，爲長幅細絹本，涼帽、袍褂，作滿清時裝，左手拈鬚，右手按椅，顴高、口闊，端莊椅坐，題誌寫在像上端。迨大陸變色後，在民國四十二年癸巳（一九五三）年間，聞由淄川蒲氏後裔家出示此像云。

十一月二十六，爲劉孺人生辰，其孫立悳不忘祖妣，初度歸拜靈幃，與先生，慟哭並賦詩七絕一首記云：

「逢君初度淚潸潸，何遽乘雲去不還？猶憶去年此日裏，共將杯酒祝南山。」（見聊齋編年詩集）

康熙五十三年甲午（一七一四）先生七十五歲

過劉孺人墓感賦五古二首：

「野有霜枯草，谷有長流川；草枯春復生，川流逝不還。朱光如石火，桃杏忽已殘。登壠見殯宮，叢柏翳新阡。欲喚墓中人，班荊訴煩冤。百叩不一應，淚下如流泉。汝墳即我墳，胡乃先着鞭？只此眼前別，沉痛摧心肝！朝看陵陂麥，鬱鬱見高墳。年少遭死別，情猶生於文。況乃白頭侶，生子見曾孫，觸類皆心酸，涕下欲沾巾！老屋汝所處，今日空無人；衾裯汝所寢，設置不復陳；華服汝所惜，散棄無復存；菽粟汝所蓄，拋擲等灰塵。性最畏荒寂，今獨

眠荊榛。勉哉汝勿懼，公姑為比鄰。匪久襆被來，及爾省晨昏。」（見聊齋編年詩集）

「午睡初就枕，忽荊人入，見余睡而笑，急張目，則夢也」。

「一自長離歸夜臺，何曾一夜夢君來。忽然含笑搴幃入，賺我朦朧睡眼開。」（見聊齋編年詩集）

五月選觀象玩占三卷，自誌云：

「先得會天意一冊，以其有暈晴課雨之益，故依樣錄之。後見觀象玩占，無論其卷册浩繁，不能繕寫，且天文星宿多所不能解，僅取其人人共知，如日月北斗風雲雷雨之屬，錄為三卷，聊以備得澇之秋為瞻雲望歲之助云爾。甲午五月下浣柳泉氏誌」。（見手書遺蹟、聊齋文集）

七月二十六日畢際有妻王太君逝世，先生往弔其子韋仲（盛鉅）以墓誌，請先生應之。

畢母王太君墓誌略云「余與畢世兄韋仲同食三十年。甲午王夫人故，余往執手。韋仲以余客門下久，習知家世，以墓誌相屬。王夫人生於天啓三年十二月十九日，卒於康熙五十三年七月二十六日，壽九十有二。公葬於長白山之阡，卜於乙未正月二十合厝焉」。（原文詳聊齋文集）

題「贈朱湘鱗」詩：

「江南快士朱湘鱗」，攜家北渡黃河津。卜居濟西峼山下，近傍濼水買芳鄰。生平絕技能寫照，三毛頰上如有神。對鐙取影眞逼似，不問知是誰何人。東來孱與康兒戲，推衿送抱如弟昆。重門洞開無柴棘，義氣萬丈干青旻。相對將人入雲霧，談笑滿座生陽春。再到山城僅一晤，惵心如渴生埃塵。（見

聊齋編年詩集）

先生自稚孫殤後入門便聞嗄咿，益少佳況，幸寢食左右有古史一卷，有感則披史作詩以評隲之，藉以破寂遣懷之一方也。其時先生讀史評史，如評崔伯淵、劉安、士元、禛、慕容垂、楊妃、褚遂良等詩頗多。（見聊齋編年詩集）

除夕先生有絕句云：

「三百餘辰又一周，團圞笑語繞爐頭。朝來不解緣何事，對酒無歡只欲愁。」（見聊齋編年詩集）

康熙五十四年乙未（一七一五）先生七十六歲

是年元旦自卜不吉。正月初五爲先生父敏吾公忌辰，率兒輩親往墓前祭奠。是日陰寒，歸後即覺不適，似冒風寒，隔日微汗即愈，繼以脇痛，微嗽而喘，延醫診治，投以理氣之劑，脇痛頓止。而自是食糧頓減，至上元節遣人搬其弟來，猶作團圞之會。早起盥漱，薄粥兩餐，仍依常時。至扶杖遺厠，尚必於院，荒院距其寢室，猶在一矢之外，兒孫扶曳，尚以牽裾掣肘爲嫌。至二十二日酉時，竟依窗危坐而逝。

於同年三月二十四日合厝於村東之原劉孺人之壙。（以上見蒲箬：柳泉公行述、蒲箬等祭父文、張元柳泉蒲先生墓表）

越十年，雍正三年乙巳（一七二五）同邑後學張元爲文表其墓，其家人，並將先生與劉孺人生卒年月，奉祀兒孫名銜，及先生平生著述，均鐫於碑陰，附立石香爐供桌於墓前。

附錄

蒲氏世系表

臻

永祥　配張氏。

公道德文望，爲一時所仰重。暮年舉耆德於鄉，邑侯就正焉。居第在東街，好倚杖坐門外，過者無不下騎。時邑中無科甲，國姓永盛少年初登第，意氣頗揚，入城謁大令，馳而過之。既歸，僕告太公。太公怒，訶責之，使返負荆於門。亦可見當年之古道矣。

松齡謹識。

世廣　邑廩生，以孫生池貴，贈文林郎。配王氏。

公少聰慧，才冠當時。如擲錢爲六疊之戲，常坐堂中，令婢拾供之，六錢不溢一磚，必得四幕無訛，遂爲絕技。後族人諱節者，與龍興寺掛褡僧賭大敗，田宅皆質去。大窘，求救於公。公慨然攜貲往，頃刻間盡復所失。趣裝待歸，僧固挽之。公笑曰：「實相告之：汝之技僅能擊三幕，我擊四幕，是以勝也。空汝囊亦非難，但我非博徒，不過爲族人復讎耳。」僧益駭，求受其術。公曰：「我不能助惡人爲虐也。」乃歸。此雖小技，亦足見聰明之一斑矣。

松齡謹識。

蒲氏文學自公始。

霞謹識。

繼芳　配趙氏。邑庠生。

生澤

生溪

生洙

生汭　配王氏。

生

汶　少孤，未嘗違母命。讀書刻苦，備歷艱辛。及登第後，任玉田縣知縣。聞母病，哭幾絕。素羸，吐血數斗而卒。

邑志孝友傳。

無賴，橫逆時加，惟閉門而已。

男松齡謹識。

杌　配韓氏。

公爲人豪爽好施，族中貧子弟或戚黨之乏者，輒相其人而授之資，使學負販，賴以成家者甚衆。……

松齡謹識。

棨

檗

棟

槃　字敏吾。配董氏、孫氏、李氏。

公少力學而家苦貧。操童子業，至二十餘不得售，遂去而賈。數年間，鄉中稱爲素封。然權子母之餘，不忘經史，其博洽淹貫，宿儒不能及也。長公早喪，四十餘苦無子。得金錢輒散去。值歲凶，里貧者按日給之食，全活頗衆。後舉四男，食指煩，家漸落，不能延師，惟公自教。子游泮者三人。其生平主忠厚，即鄉中

兆箕

兆專　字人樞。配韓氏。邑庠生。

柏齡　字辛甫。配黃氏。邑庠生。

松齡　配劉氏，子四。

鶴齡　配張氏。

箬　配李氏。號磊軒。

篪　配封氏、孫氏。

笏　配孫氏。字汾里，邑庠生。

筠　配王氏。字文亭，邑庠生。

右世系據蒲氏世譜

據淄川蒲氏族譜撮錄自始祖至松齡十一世系表

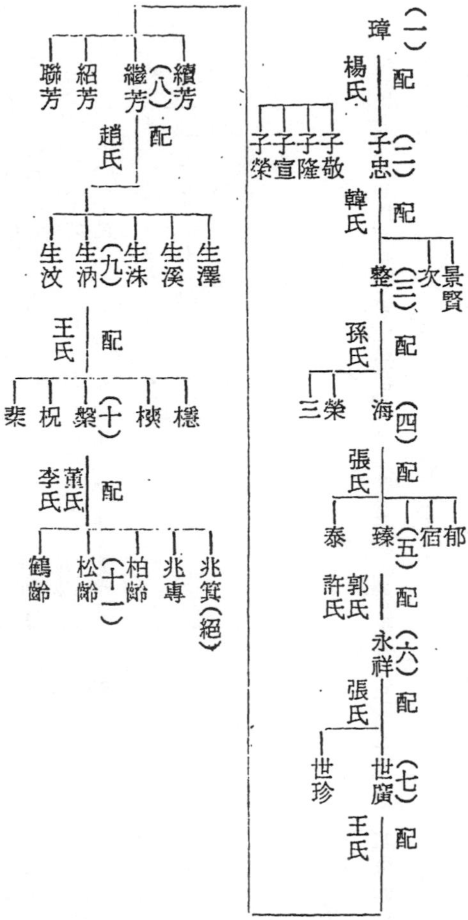

按般陽路爲元置，初稱淄萊路。至元二十九年（一二九三）改稱般陽路，今山東省蒲台、淄川、掖縣、福山等地，治設淄川，故稱「般陽」。

復據平井雅尾記留仙九世孫蒲文魁所貽示，自留仙後至其十世直系表，照錄如次：

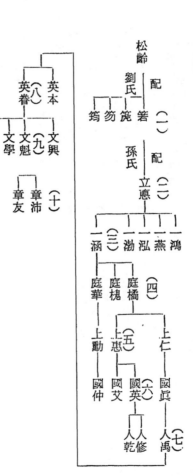

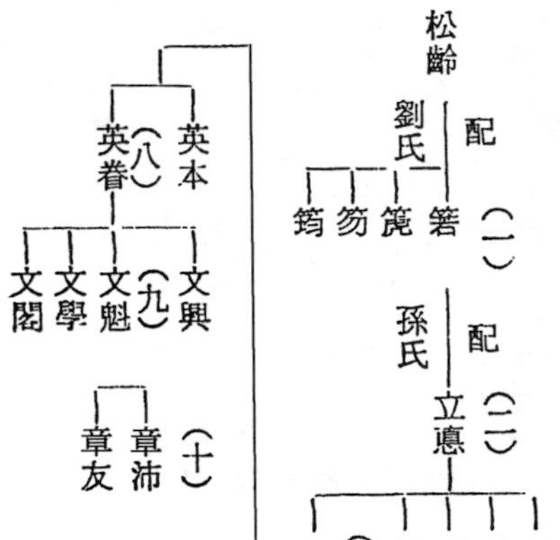

據留仙所修蒲氏族譜般陽土著自留仙後為其子孫制有譜系命名用字凡三十二世，如左。

竹立一庭　上國人英　文章先業　忠厚家聲

門多賢哲　代有公卿　慶延宗緒　萬葉長榮

（一） 蒲留仙撰 述劉氏行實

孺人劉氏，蒲松齡妻也。父文學季調，諱國鼎，文戰有聲。生四女子，孺人其次也。初，松齡父處士公敏吾，少慧，肯研讀，文倣陶、鄧，而操童子業，苦不售。家貧甚，遂去而學賈，積二十餘年，稱素封。然四十餘無一丈夫子，不欲復居積，因閉戶讀，無釋卷時，以是宿儒無其淵博。而周貧建寺，不理生產。旣而嫡生男三，庶生男一。每十餘齡，輒自教讀，而爲寡食衆，家以日落。松齡其第三子，十餘歲未聘。聞劉公次女待字，媒通之。或訾其貧，劉公曰：『聞其爲忍辱仙人〔二〕，又教兒讀，不以貧輟業，貽謀必無蹉跌，雖貧何病？』遂文定焉。

順治乙未間，訛傳朝廷將選良家子充掖庭，人情洶動。劉公初不信，而意不敢堅，亦從衆送女詣婿家。時年十三，先母董太孺人與同寢處。訛言既息，始移歸。又二年，始行御輪之禮。

入門最溫謹，樸訥寡言，不及諸宛若慧黠，亦不似他者與姑勃谿也。太孺人謂其有赤子之心，頗加憐愛，到處逢人稱道之。冢婦益恚，率娣姒若爲黨，疑姑有偏私，頻偵察之。而太孺人素坦白，卽庶子亦撫愛如一，無瑕可蹈也。然時以虛舟之觸爲姑罪，呶呶者競長舌無已時。處士公曰：『此烏可久居哉！』乃析箸授田二十畝。時歲歉，荍五斗粟三斗。雜器具，皆棄朽敗，爭完好；而孺人嘿若癡。兄弟皆得夏屋，爨舍閒房皆具；松齡獨異，居惟農場老屋三間，曠無四壁，小樹叢叢，蓬蒿滿之。

松齡歲歲游學，孺人薙荆榛，覓傭作堵，假伯兄一白板扉，大如掌，聊分外內；出逢入者，則避扉後，俟入之乃出。時僅生大男箬，攜子伏鼪鼯之徑，聞跫然者而喜焉。

一庭中觸雨瀟瀟，遇風喁喁，遭雷霆震震謖謖。狼夜入則塒鷄驚鳴，圈豕駭竄。兒不知愁，眠早熟，績火熒熒，待曙而已。故嘗自減餐留餅餌，媚鄰媼，臥以上牀，浼作侶。

雖固貧寂守，然不肯廢兒讀。憐兒幼，輒昧爽握髮送兒出，又目送之入塾，乃返。後又生一女三男：次篪，次笏，次筠。十餘年漸自成立，爲婚嫁所迫促，努力起屋宇，一子授一室，而一畝之院，遂無隙地，向之蓬藋悉化而茅茨矣。然食指繁，每會食非一榻可容，因與沙釜一，俾各炊居。無何，大男食餼，三男、四男皆入庠，長孫立悳亦弁童子科。孺人食貧衣儉，甕中頗有餘蓄。

松齡年七十，遂歸老不復他遊。

先是，五十餘猶不忘進取，孺人止之曰：『君勿須復爾！倘命應通顯，今已臺閣矣。山林自有樂地，何必以肉鼓吹爲快哉！』松齡善其言。顧兒孫入闈，褊心不能無望，往往情見乎詞，而孺人漠視之，或媚以先兆，亦若罔聞。松齡笑曰：『穆如者不欲作夫人耶?』答曰:『我無他長,但知止足。今三子一孫,能繼書香,衣食不至凍餓,天賜不爲不厚,自顧有何功德而尚存觖望耶?』少時紡績勞勩,垂老苦臂痛,猶績不輟。衣屨澣或小有補綴,非燕賓則庖無肉。松齡遠出,得甘旨不以自嘗,緘藏待之,每至腐敗;兄弟皆赤貧,假貸爲常,並不冀其償也。嘗曰:『吾常受人乞而不乞於人,爲幸多矣。』

暮年多病,歲數作,自童時有腹塊,不爲害;而六旬後,與年俱長。至七十,兩脅皆癥瘕,一作,則頭眩心痗,不一狀,然三五日輒已。

癸巳七十有一,中秋與女及諸婦把酒語,刺刺至午漏,翌日而病,未遽怪也。踰數日,憊不起,始共憂之。體灼熱可炙手,醫投寒涼,熱益劇。曰:『世盡庸醫,無益,徒自苦,不復藥矣。』諸兒爲市巴綢作殉衣,方成,二十六日尚臥理家政,鐙方張,頻索衣,曰:『我行矣。他無所囑,但無作佛事而已。』俄而氣絕。三日具殮,容貌如生。

先是六十時，便促營壽域。有貨柏材者，松齡購之，曰：『誰先逝者占此。』孺人笑曰：『此殆爲我而設，但不知何日耳！』歿後周身具備，乃於十月十五日午時葬焉。

註釋

（一）忍辱仙人：亦作忍辱仙。佛家語，見金剛經：「又念過去於五百世作忍辱仙人。」謂修忍辱之行。蒲敏吾家傳：「生平主忠厚，即鄉中無賴，橫逆時加，惟閉門而已。」

（二） 蒲箬等 祭父文

維康熙五十四年，歲次乙未，三月丁酉朔，越二十三日己未，不孝男箬、篪、笏、筠，孫立悳、立恕、立憲、立志、立愚、立懋、立忠，曾孫一泓、一涵等，謹以剛鬣柔毛，淸酌庶饈之儀，致祭於我父之靈曰：嗚呼！我父之棄兒輩而長逝也，夢耶眞耶！三十三日來，色笑如見，謦欬如聞，而父竟安往也！嗚呼痛哉！

我父少有才名，爲海內所推重，而淪落不偶，僅託諸悲歌慷慨之間。故詩賦詞章，集而帙者凡千餘首，序表婚啓壽屛祭幛等文，計四百餘篇；暮年著聊齋志異八卷，每卷各數萬言，高司寇、唐太史兩先生序傳於首，漁洋先生評跋於後，大抵皆憤抑無聊，借以抒勸善懲惡之心，非僅爲談諧調笑已也。間摘其中之果報不爽者，演爲通俗之曲，無不膾炙人口，可歌而□□〔二〕。他如省身語錄、歷字文、農桑經、日用俗字之屬，種種編輯，皆足以補益身心而取資於日用。蓋天性嗜書，故垂老不倦。即易卜術數，亦必手錄一卷，刪去繁蕪，歸於簡奧，遂成不朽之書。

嗚呼！兒輩闒冗，不克承我父之後，猶謂間出之才難爲繼也；至充棟奇書，不得刊刻行世，豈非兒輩之窮愁落寞，憂火煎心者耶！嗚呼！人非盛德，文雖美而不傳；而我父之懿行，則又三代而下所僅見也。

憶我大母病篤，晝夜皆疊枕瞑坐，一轉動便溺，皆我父自爲提攜；四十餘日，衣不脫，目不一瞑。每當深夜，鐙昏燭暗之間時，我大母輒啓眸而愀然曰：『累爾哉！』蓋我父之以孝謹聞，固至今嘖嘖人口也。至兄弟之情，老而彌篤。大伯早世，悲痛欲絕，己丑歲二伯又故，我父作詩挽之，其詞愴惻，見者無不感泣。嗚呼！此可以知兄弟之情矣。

若夫家計蕭條，五十年以舌耕度日。凡所交遊，皆知我父之至誠不欺，胸無城府；而東西師生三十年，生死不二，至託諸夢魂間者，則又無過於刺史畢先生家。嗚呼！我父奔波勞瘁，七十歲始不趁食於四方，雖有兒輩四人，將焉用耶！至庚寅歸來，敦宗睦族，方正攝乎鬼神，□□□〔一〕於閭闔，以故鄉無間老少，族無論男女，無不祝我父遐昌者。

嗚呼！自我母棄世窀穸之日，臨穴而悲，命三弟掌鎖鑰，勿□□〔二〕，謂我死當在三年以裏。斯言也，當時不忍聞，今日不忍道，不謂竟成讖語。嗚呼悲哉！

我叔蕩析離居，日以薄產脩儀，不能兼贍其多口爲恨。今歲上元之節，遣人搬吾叔歸來，猶作團圞之會，兄弟連榻，聲息相聞。雖我父喘嗽，我叔脇痛，而早起盥漱兩餐，仍按常時，即扶杖遺屙，務於百步之外，猶以兒孫扶曳爲嫌。

天乎！誰復料有天崩地塌之憂也！不謂昊天不弔，降割，叔亡於朝，父歿於暮，似攜手以同歸，並不覺幽明之異路。嗚呼已矣！不憂子媳病矣，不爲稚孫卜矣，我父則逸，而兒輩其何以堪耶！兒輩不才，生不能終養，死不能葬，仍遵百日以內之言，卜吉於三月二十四日合厝於我母之壙。

今夕肴果之陳，其仍如父子圍爐時耶！嗚呼尚饗。

註釋

〔一〕原文缺字。

（三）　蒲箬撰　柳泉公行述

嗚呼！不孝箬安厝我父於村東之佳城也，八十餘日矣。日思我父之德行文章，生前名揚海內，沒後泯滅無傳，豈非不孝之罪乎！是宜略陳梗概，丐仁人一言，鐫之碑陰，以垂永久。顧自念荒疏固陋，不克述我父之生平，而寒儉家風，又不足瀆仁人之聽，故日以蹇劣自安，而終未敢也，則不得不即不孝之能記憶者，約略言之。

先父諱松齡，字留仙，號柳泉居士，先祖處士公第三子也。處士公字敏吾，少艱於嗣，四十餘苦無子，得金錢輒散去。値歲凶，里中貧者，輒按日給之食，全活頗衆。後累舉四男：嫡祖妣董出者三，庶祖妣李出者一。先父爲嫡出之次，而於行則爲三。處士公少肯研讀，文效陶、鄧，雖終困於童子業，然閉戶讀，無釋卷時，以故宿儒無其淵博。暮年食指煩，家漸落，不能延師，唯躬自教子。先父天性慧，經史皆過目能了，處士公最鍾愛之。十九歲弁冕童科，大爲文宗師施愚山先生之稱賞。然自析箸，薄產不足自給，故歲歲遊學，無暇治舉子業，而耽於詩歌及古文詞，其一時所作，大抵在行旅登眺，與寄遠送別，往復酬答之間，而懽愉慘悴之意志，猶未盡形諸篇章也。

庚申，我祖母病篤，氣促逆不得眠，無晝夜皆疊枕瞑坐，轉側便溺，事事需人。我父扶持保抱，獨任其勞，四十餘日，衣不一解，目不一瞑；兩伯一叔，唯晨昏定省而已。我祖母亦以獨勞憐我父。一夕至午漏，燈光熒熒，啓眸見我父獨侍榻前，淚眼婆娑，凝神諦聽，輒顰呻曰：『累煞爾矣！』自是不起。我父自市巴絹作殉衣，并不令我伯叔知也。

自是之後，每歲設帳於縉紳先生家。不孝箬兄弟四人，妹一人，漸次成立，遂爲婚嫁所迫促，而居又爲先祖農場，荆棘蒿萊中僅存老屋三間，其夏屋閑房與佃戶居宅，皆爲伯叔分去。自是一子娶一婦，必授一室。歲歲營構，所得幾何，豈堪供土木奩粧費哉！夫亦重賴我母，衣儉食貧以佐之也。我母爲外祖文學劉公字季調女。天性溫謹，貞靜寡言而持家則安貧守舊，紀理井井。雅不喜侈靡，衣澣濯，但不至凍；食饘粥，但不至餒。量入爲出，助以紡績。我父嘗詠之曰：『澣衣更惜來生福，豐歲時將野菜挑。』蓋謂我母之儉德如此。以故噭噭數口，頻度凶年，尚能覓傭作堵，起屋增田，男婚以期，女嫁以時。嗚呼！夫孰非我母贊襄之力哉！

癸亥年，我父食餼，其時慘淡經營，冀博一第，而終困於場屋。至五十餘，尚希進取。我母止之曰：『君勿復爾！倘命應通顯，今已臺閣矣。』自是我父灰心場屋，而甄匋一世之意，始託於著述焉。思所及中人情之膏肓，筆所書導物理之肯綮，至於蘊藉詼諧，一着紙而解人頤，猶其末也。一時名公鉅卿，日以文事相煩，如代漁洋先生作徵詩啓，唐豹嵒先生屬作生誌，與夫壽屏錦幛，叙跋疏表，婚啓等文，凡四百篇。迄於今諷詠詩歌，可想見生平之磊落，而披覽篇章，益以見意氣激昂。如志異八卷，漁蒐聞見，抒寫襟懷，積數年而成，總以爲學士大夫之針砭，而猶恨不如晨鐘暮鼓，可參破村庸之迷，而大醒市媼之夢也，又演爲通俗雜曲，使街衢里巷之中，見者歌，而聞者亦泣，其救世婆心，直將使男之雅者俗者；女之悍者妬者；盡擧而匋於一編之中。嗚呼！意良苦矣！

至於引掖後進，則又不獨於受業門牆者，耳爲提，面爲命，循循善誘，無倦色無惰容也；卽單寒之士，時以文藝來質，爲曲指迷途，俾知進取，從不濫施丹黃，致墮狐窟也。故我父嘗自謂：『余之子若孫，其不至因貧廢卷，尙得掇一芹以繼書香者，皆平生曲成後學之報。』唯是天性伉直，引嫌不避怨，不阿貴顯，卽平素交情如飴，而苟其情乖骨肉，勢逼里黨，輒面折而廷爭之，甚至累幅直陳，不復恤受者之難堪，而我父意氣灑如，以爲此吾所無愧良朋也者；而友亦諒我父之天眞爛然，不以爲迕，蓋不以情勝義，而肝鬲傾吐如此。

迨夫三十年，放懷詩歌，足不踐公門，因而高情逸致，厭見長官。邑侯石年張公〔一〕仰慕文名，徵召不出，至親履齋庭，不得已迫而後見。厥後香巖時公〔二〕亦如之至喻方伯〔三〕見詩傾慕，飭周邑侯〔四〕盡禮敦請，我父倦於奔波，高臥不起。畢刺史載績先生父子勸駕，乃肯一往。邑侯馳驛遣吏伴送藩署，方伯禮儀有加，館之幕中者數日。此可以知孤介之性情矣。

此三十年內，不孝輩以次析炊，歲各謀一館，以自餬其口，父子祖孫分散各方，惟過節歸來，始爲團圞之日。自是我父始不累於多口。又加以我母節省冗費，甕中始有餘糧。顧六十餘歲，猶往返百餘里，時則冲風冒雨於奐山道中，故每當吾父回齋，不孝輩繞騎捉轡執鞭，扶曳以升，目視出村，不孝退至私室，不禁涕零自恨：老親素絲垂領，尚不得安享人子之奉，此豈復以爲人！

迨撤帳歸來，年七十矣。養老之田五十餘畝，不孝輩別無供奉，唯均輸國課，不使租吏登門，我父得棲遲偃仰，抱卷自適，時邀五老，斗酒相會，以叙生平，話間闊，差可自娛。凡族中桑棗鵝鴨之事，皆願得一言以判曲直，而我父亦力爲剖決，曉以大義，俾各帖然欽服以去。雖有村無賴剛愎不仁，亦不敢自執己見，以相詬誶，蓋義無偏徇，則坦白自足以服衆也。

歲己丑，我父食餼二十七年，例應預考庚寅歲貢，冬十月，一僕一騎，別無伴侶，奔馳青州道中，六日歸來，不至憊病。不孝箬心竊喜，謂我父康強，壽未有艾也。癸巳有老槃詩十八首，不能盡載，其末八句云：『幸有男兒知紙筆，可無慶弔苦風塵。陶公雅在羲皇上，邵叟眞爲快活人！沃壤猶堪留種黍，粗衣幸不至懸鶉。世間樂地盈天壤，何用勞勞役此身！』

嗚呼！不意昊天不弔，是歲九月，我母先朝露矣。我父有悼內六首，不孝箬不惟不忍讀，亦不忍見。其末四句云：『魂若有靈當入夢，涕如不下亦傷神。邇來倍覺無生趣，死者方爲快活人。』自是步履起居，常爲欷歔太息之聲。越歲，二弟箎四弟鋾所出兩稚姪，又皆以痘殤，入門便聽咿嚘，幷無佳況。然寢食左右，必有古史一卷，感則作詩以評隲之，此亦破寂遣懷之一方也。除夕忽有絕句云：『三百餘辰又一周，團圞笑語繞爐頭。朝來不解緣何事，對酒無懽只欲愁。』

我父邃於易理，元旦自卜不吉。至正月初五日，爲先祖父忌辰。其日陰寒，不孝輩勸勿親往，我父咄之，必躬率兒孫祭奠以返。歸覺不快，似冒風寒，隔日微汗卽愈。繼以脇痛，微嗽而喘。不孝箸延醫診視，投以理氣之劑，脇痛頓止。醫者亦謂既無痛苦，徐徐保養，嗽自痊，不須藥也。自是餱糧盡減。蚤起盥漱，薄粥兩餐，仍按常時。至扶杖遺屙，尚必於院外荒園，距寢猶在一矢之外，兒孫扶曳，尚以牽裾掣肘爲嫌。不謂二十二日，竟倚窗危坐而溘焉以逝。

嗚呼痛哉！皇天降割，何其奪我父之速耶！不孝箸遵治命，不敢久淹親柩，喪務草草，已於百日之內，合厝於我母之壙矣。

謹疏厓略，哀懇仁人君子俯賜不朽之章，以光泉壤，我父歿有餘榮，不孝箬銘刻無旣。

孤哀子蒲箬泣血稽顙謹述。

註釋

〔一〕石年張公名嵋，石年字。浙江仁和人。貢監，康熙二十五年丙寅（一六八六）任淄川知縣，歷事精明，邑賴之百廢俱興，尤喜課士論文。雅重留仙品學，親履其齋庭以訪。康熙二十八年己巳（一六八九）離任。留仙爲賦送別詩與悲喜謠以記之。其悲喜謠並撰有小序云：「聞拔擢去，如嬰離母也抱者。適駕南巡，謀要遮之而以請肩所摩滿衢，踵所止滿邑，涕所墮皆滿眶。」

〔二〕香巖時公名維豫，香巖字。漢軍鑲藍旗人。歲貢，康熙三十三年甲戌（一六九四）任淄川知縣。亦雅敬重先生，亦親履齋庭以訪，曾敦邀先生在署中酬唱傾談，不覺蠟淚沾衣，歸後賦詩却寄，有云：「平昔最愁謁官苦，今逢賢令不能高。」志異周生篇「周生者，淄邑之幕客。令公出，夫人徐，有朝碧霞元君之願，以道遠故。（中略）使周爲祝文，周作駢詞，歷敍平生，頗涉狎謔。後周生卒於署，夫人亦產後病卒。所記夫人即時邑侯夫人也，在聊齋文集亦載有祭時夫人文。

〔三〕喻方伯、名成龍，字正菴，漢軍正藍旗，廕生，時任山東布政使，康熙三十二年癸酉間（一六九三），讀留仙詩，傾慕不已，飭淄川周邑侯盡禮敦請。先生高臥不起。後由畢載績夫子勸駕，乃肯一行。邑侯馳驛遣吏伴送之藩署，方伯儀禮有加，館之幕中者數日，爲賦梅花書屋圖而歸。詩見聊齋詩集癸酉編年詩中。

〔四〕周邑侯、名純，字興安，湖廣應山人，進士，康熙二十八年己巳（一六八九）任淄川知縣。政尙端肅，雅重文學；爲建般陽書院，集多士肄業。尤敬重留仙道德文章。

（四）張元撰　柳泉蒲先生墓表

先生諱松齡，字留仙，一字劍臣，別號柳泉。以文章意氣雄一時。學者無問親疎遠邇，識與不識，蓋無不知有柳泉先生者，由是先生之名滿天下。

先生初應童子試，即以縣、府、道三第一補博士弟子員，文名藉藉諸生間。然如棘闈輒見斥，慨然曰：『其命也夫！』用是決然捨去，而一肆力于古文，奮發砥淬，與日俱新。而其生平之佗傺失志，濩落鬱塞，俯仰時事，悲憤感慨，又有以激發其志氣，故其文章穎發苕豎，恢詭魁壘，用能絕去町畦，自成一家。而蘊結未盡，則又搜抉奇怪，著爲誌異一書。雖事涉荒幻，而斷制謹嚴，要歸於警發薄俗，而扶樹道教，則猶是其所以爲古文者而已，非漫作也。

先生性樸厚，篤交遊，重名義，而孤介峭直，尤不能與時相俯仰。少年與同邑李希梅及余從伯父歷友、視旋諸先生〔一〕結爲郢中詩社，以風雅道義相劘切，始終一節無少間。鄉先生給諫孫公爲時名臣，而風烈所激，其廝役佃屬，或陰爲恣睢。鄉里莫敢言，先生獨毅然上書千餘言以諷。公得書驚嘆，立飭其下皆斂戢。新城王司寇先生，素奇先生才，屢寓書，將一致先生於門下，卒以病謝辭不往。

嗚呼！學者目不見先生，而但讀其文章，耳其聞望，意其人必雄談博辨，風義激昂，不可一世之士；及進而接乎其人，則恂恂然長者，聽其言，則訥訥如不出諸口，而窺其中則蘊藉深遠，要皆可以取諸懷而被諸世。然而阨窮困頓，終老明經，獨其文章意氣，猶可以耀當時而垂後世，先生之不幸也，而豈足以盡先生哉！

先生祖諱生汭，父諱槃。娶劉氏，增廣生劉公季調女。子四人，孫八人，曾孫四人，五世孫才一人。所著文集四卷、詩集六卷、聊齋誌異八卷。以康熙五十四年正月二十二日卒，享年七十有六〔二〕。以本年葬村東之原。

又十一年，爲雍正改元之三年，其孤將爲碑以揭其行，而以文屬余。以余於先生爲同邑後進，且知先生之深也，乃不辭而爲之文以表於墓。銘曰：

有文不顯，有積不施，蓄久而熾，爲後之基。以徵以信，視此銘辭。

同邑後學張元撰。

雍正三年歲次乙巳二月　清明日立。

附碑陰〔三〕

□生□崇禎十五年四月十六日戌時，　卒於康熙五十四年正月二十二日酉時。

母生於崇禎十八年十一月二十六日申時，

卒於康熙五十二年九月二十六日未時。

附記雜著五册

□身語錄　懷刑錄　曆字文　日用俗字　農桑經　各一册

戲三齣

考詞九轉貨郎兒　鍾妹慶壽　鬧館

通俗俚曲十四種

牆頭記　姑婦曲　慈悲曲　翻魘殃　寒森曲　琴瑟樂　蓬萊宴

俊夜叉　窮漢詞　醜俊巴　快曲　各一册

禳妒咒　富貴神仙曲後變磨難曲　增補幸雲曲　各二册

廩生箹　立慤　立忠　一□

奉祀男　首貢生箬　孫庠生立悳　立蓀　曾孫一泓　元孫　庭槐

箎　立愚　立憲　一□

庠生筠　立志　立悊　一湜

註釋

〔一〕墓表與祭父文柳泉公行述同爲記載留仙先生行實，惟因墓表流傳較廣，文字錯誤亦較多。原墓表內：『少年與同邑李希梅及余從伯父歷友、視旋諸先生，結爲郢中詩社。』宣統元年國學扶輪社鉛印聊齋文集附有節本墓表，此句妄鉤改爲：『少年與同邑李希梅及余從伯父歷視友，旋結爲郢中詩社。』迨民國九年中華圖書館石印聊齋文集爲據扶輪社鉛印本覆印，又鉤改爲：『少年與同邑李希梅及余從伯父歷友親，旋結爲郢中詩社。』

〔二〕扶輪社聊齋文集附節本墓表，原墓表內：『享年七十有六。』誤爲『享年八十有六。』迨後中華圖書館石印聊齋文集除據扶輪社鉛印本翻印外，復揑造一部「詩集」，其中尚揑造留仙八十述懷假詩。此外復揑造一部筆記，大都爲鈔襲一般散籍雜記，託名「聊齋筆記」。

〔三〕碑陰所記，多與事實不符。

留仙卒於康熙五十四年乙未（一七一五）年七十六歲，見載於墓表，由康熙五十四年上推，自應生於明崇禎十三年庚辰（一六四〇），而碑陰則云：『父生於崇禎十五年。』至劉孺人卒於康熙癸巳（一七一三）年七十有一，已見記於述劉氏行實。由康熙五十二年癸巳上推，自應生於明崇禎十六年，碑陰又誤爲『母生於崇禎十八年』。

考劉孺人卒於康熙五十二年八月二十六日戌時。碑陰誤爲「九月二十六日未時」。據述劉氏行實所記：『癸巳七十有一，中秋與女及諸婦把酒語，刺刺至午漏，翌日而病，未遽怪也。踰數日，憊不起，始共憂之。體灼熱可以炙手，醫投寒涼，熱益劇。（中略）諸兒爲市巴絹作殉衣，方成，二十六日尚臥理家政，鐙方張，頻索衣，曰：「我行矣。他無所囑，但勿作佛事而已。」俄而氣絕。』按『中秋』爲八月十五日，『踰數日』『二十六日尚臥理家政』。則歿時自是八月二十六日。『鐙方張，』爲日甫沒天黑時，農曆八月下旬，當爲戌時也。詳視碑字，雖歷風雨剝蝕，猶可辨識碑陰字體與陽不同。且碑陰字體大小不一，排列零亂，頗疑碑陰所載，乃後來補刻。

蒲氏遺著書目

留仙性耽書籍，自少至暮年，無一日離書卷。尤喜經史、詩歌、古文，乃至遊記、傳奇、農桑、醫藥、易卜諸籍，靡不探索，復喜研讀後取精去繁，彙纂輯要，可見其爲學旨趣，及讀書用力之勤。

先生自四十八歲與五十一歲，濟南鄉試，迭遇困頓，遂絕意場屋，而一肆力於古文。時在畢氏綽然堂設帳講學亦已十載。東主西席，情若家人；棲遲偃仰，抱卷自適。以是自五十歲至七十歲間，編撰書稿尤多。

爲述留仙暮年著述，容先撮記其五十歲前所編著，按年編次，藉見留仙生平編著梗概。

㈠鶴軒筆札

原書爲留仙手寫本上下兩册，民國二十四年乙亥，余過淄川時亦獲見：上册首葉除有「松齡」「柳泉居士」等印三方，其封面註：自康熙「庚戌（一六七〇）十月初三起至年終止」。下册封面則註：「辛亥（一六七一）正月起至五月止」。蓋皆代孫蕙宰寶應高郵時所撰文札，時先生年三十一歲至三十二歲作品。

㈡聊齋詩集

聊齋詩集近世所傳鈔本及刊本存詩，大都二百餘首至三百五十餘首，皆原詩集散佚後重輯者也。先師丁稼民先生貽余其錄吾濰高翰生鴻裁藏原詩集殘本，附翰生跋云：

聊齋詩集、淄川邑乘載六卷，山左詩鈔暨般陽詩草俱選刻若干首，獨未見全豹爲憾。癸未夏，搜集齊魯先喆遺書，陳晉卿徵君出是編見貽，謂此獲自蒲先生後裔；手割數首入桑梓之遺，其餘不忍棄置，屬余亟爲表揚。余受而讀之。見其籤題共五册，計一千二百九十五首；中更兵燹散佚，僅存九十七首爲一册。按年編次，起辛卯迄甲午。時先生年逾古稀，踔厲奮迅之氣，猶隱隱楮墨間，眞傑構也。詩內斷裂及字體黯黕者，俱手加校正，付諸剞劂，用廣流傳，庶殘篇墜簡，賴以不泯云爾。光緒歲在昭陽協洽黍月望日，濰水後學高鴻裁翰生甫識。

是斯册所存詩，爲留仙歿世前五年所作，亦原初詩集最後之一册也。本編所引詩，爲淄川路大荒氏近年所輯詩集，起庚午（一六七〇）迄甲午（一七一四），爲留仙三十一歲至七十五歲，四十五載間所作，按年編次，存詩九百二十九首，雖出於蒐集，已可見原詩集之大略矣。

㈢聊齋文集

留仙自序其文集云：

余少失嚴訓，輒喜東塗西抹，每於無人處時，私以古文自效。而吾邑名公鉅手，適漸以凋零，故搢紳士庶，貴耳賤目，亦或鬬牛而以犢耕。日久不堪其擾，因而戲索酒餌，意藉此可以止之；而遠邇以文事相煩者，仍不少也。寒暑呻吟，極不可耐！以故凡有所作，集而成册；敢曰持此以問世哉？置諸案頭，作應付之粉本耳。柳泉氏自誌。

先生歿後，其子蒲箬等祭父文亦云『序、表、婚啓、壽屏、祭幛等文，計四百餘篇。』聞原稿藏於其家者有年，中經雨浸，已有損毁。復迭經兵燹，散毁益多。光緒甲午（一八九四）東北海城李鑑堂秉衡撫魯，浼淄川李席珍茂才多方為之蒐集遺稿，以謀付梓。旋鑑堂竟遷任他去，事遂中輟。本編所述文集亦為淄川路大荒氏輯本，全集收有篇文四百五十八篇，起壯歲，迄暮年，積年所撰「集而成册」也。

㊃聊齋志異

留仙撰寫聊齋自誌最後題『康熙己未春日』康熙己未爲康熙十八年（一六七九）先生年適四十歲。自後志異篇文雖賡續綴入，而志異大體寫成，則在先生四十歲前，是聊齋志異留仙壯年作品也。

㊄婚嫁全書

書成，留仙撰序曰：

唐、宋以來，選擇百餘家，造凶煞之惡名，駭人觀聽，古人不甚遵，頗亦不甚驗。最不可解者爲周堂，不論節候交否，但以爲逢若吉，逢若凶，此何理也？今必欲集其書，勿乃爲荒唐者愚乎？而不然也。我輩俗中人，舉世奉爲金科，而我獨自行胸臆，既有違衆之嫌，且子女婚嫁，即無所疑忌，而姻家公母，必齟齬以爲不可，遂不得不設酒奉金，轉求術士。故不如廣集諸書，彙其大成，使人無指摘之病，卽明知其妄，而用以除疑，亦甚便也。康熙癸亥年誌之。

癸亥爲康熙二十二年（一六八三）先生年四十四歲。

㈥帝京景物選略〔一〕

康熙二十三年甲子（一六八四），留仙在畢氏綽然堂獲見所藏帝京景物略，翌然喜。然感其卷帙浩繁，不易快讀，乃刪其贅詩，簡潔其文，編爲選略，並撰有「小引」略云：

甲子於綽然堂得是書，翌然喜。其冊八，其目一百又二十九，言累數十萬，錄之須歲月，煩僮手指也。然其詩也贅，棄之。其記也繁，稍稍去取之；狐取其白，盡美則已。爲篇七十又七，爲頁八十又三，簡而可攜，便臥遊也。

選略書成時，留仙四十五歲。後其摯友李堯臣讀之，亦爲之欣賞稱快，曾撰有讀後記云：

景物略一册，選於柳泉，是則「柳泉景物略」也。余讀之，幽幽曲曲，渺渺冥冥，一步一折，一折一形，乍離乍合，乍斷乍縷。聚而目之，或不能句；平吾氣，定吾神，按丹點，尋墨痕，心幾碎矣！而後其奇漸露，如游武陵，丹嶂塞天，鳥語入水，紅芳簌簌，灑人衣袂，目眩神迷，由竇而入，忽覩秦人，鷄犬桑麻，田廬阡陌，言笑啞啞，不覺驚歎，出咤於武陵太守也。又或恠漁父饒舌，使千古仙源，誤入俗耳。不知無漁父子驥，且無由問津矣！況下焉者乎？然則柳泉之選，又何可少哉！

㈦省身語錄〔二〕

省身語錄亦成於康熙二十三年甲子（一六八四），書成其自序云：

余先人盛德之名，聞於鄉黨，凡族人戚友，小有訟事，必來剖愬，求得一言，以判曲直。然平生主於忍辱，時有妄人相干，惟付之不見不聞。余時方少，雖不敢言，而隱謂先人之不武。由今以思，余兄弟不失讀書種子，皆忠厚之謨所貽留也。余半生落魄，碌碌無所短長，自念遺行或多，故不足以發世德之祥，敬書格言，用以自省，用以示後子，能體是書，便爲跨灶，孫能體貼，卽爲亢宗；凡我後人，共聽之哉！康熙甲子。

㈧柳泉居士詞稿

留仙詞雖有鈔本及刊本流傳，要皆出於後人所輯，世人每以未窺原集爲憾。在聊齋詩集所附「詩餘」亦收詞文。卷首有唐豹嵒題聊齋詞序云：

詞家有二病：一則粉黛病，柔膩殆若無骨，李淸照爲之則是，秦淮海爲之則非矣。一則關西大漢病，黃齒蝟鬚，喑啞叱咤，四平弋陽之板，遏雲裂石者也。免是二病，其惟峭與雅乎。聊齋詞都無二病，可謂峭矣，若夫武陵源上人，衣冠猶是洴澼故制，竟不知練裙高屐爲何代時事；則鄙詞之所不能免也。

聊齋以爲何如豹岛唐夢賚?

柳泉居士詞稿全一卷爲留仙手稿。卷後有李鑑堂秉衡題跋,時光緒十二年丙戌(一八八六)於廣西龍州跋云:

柳泉居士詞稿手蹟世好李子席珍所貽,李家淄川,與居士裔孫某故文字交,是卽有之於某者。居士曠懷逸趣,可見一斑。字亦古拙多姿,迥不猶人。計四十二紙,舊多竄易塗勒,間注曰「眞本無」或「亦無」等字,自係副本。有數闋見於志異。豈閒情偶寄而文生歟?居士著作未梓甚夥,惜強半毀於兵燹。因席珍就鈔古文多卷,亦壓刼之餘已。是蹟雖小有殘脫,喜其面目之眞,不足爲廬山病也。

詞稿有詞約八十闋。合聊齋詩餘與路大荒輯詞集溢出詞稿者,共得九十二闋。詞稿題目以懷袁宣四爲最多,如「病中感賦」、「喜至」、「送東行」、「中秋憶念」「涉石隱園懷念」等、以至「聞病篤」「輓詞」凡十餘闋皆懷宣四作也。餘則「寄王如水」「贈畢韋仲」「戲簡孫給諫」及「闈中被黜蒙畢八兄關情慰藉有感」等。考宣四歿世時留仙四十六歲，孫給諫歿世，留仙年四十七歲。留仙闈中被黜時五十一歲，可見柳泉詞稿大都寫於此時間。

㈨淄川蒲氏族譜

留仙之纂修其蒲氏族譜，不獨考核採輯，並爲之撰寫傳志。復撰有淄川蒲氏族譜序，以記其蒲氏系出與修譜顛末，時在康熙二十七年戊辰（一六八八）先生時年四十九歲。

以上書目九種，皆爲留仙五十歲前所寫，或已在撰寫中。

下列諸書目，則爲留仙五十歲後所編著者：

㈩懷刑錄

書成，留仙撰自序云：
聖人制禮以範世，而世多悖禮，則刑生焉。刑也者，所以驅天下之人歸於禮者也。顧鄉里之愚夫，目不睹聖明之法，猶往往而犯之。即如駡之一道，出於口而無形，至細也，而子孫施諸祖父母，奴婢施諸家長，皆論死；世俗烏得而知之乎？邱子行素集五服之禮，並稽五服之律，授余相質。余讀而嘆曰：『充此意，使讀禮者知愛，讀律者知敬，其有裨於風化非淺矣！』余因即其本而錯綜之，隨親屬別作部，使尊卑之分，親疏之義，愚夫婦一見可了，而又集日月所易犯者，增之為懷刑錄。庶吾人知所措手足乎？總顏之曰：「措素書」。行素邱子當不以余言為河漢也。康熙三十五年子月上浣。
康熙三十五年丙子（一六九六）先生五十七歲。
㈠莊列選略

選輯莊子、列子篇文書成撰「小引」以敍其所選旨趣云：

千古之奇文至莊列止矣。時文家竊其唾餘，便覺改觀，則借楊、老之糟粕，闡孔、孟之神理，當亦游、夏所心許也。而詰屈聱牙之句，詮註者言人人殊，或至牽合其理而并強其句，益使捧卷者吃吃而不可讀，亦見其惑已。余素嗜其書，遂獵狐而取其白，間或率憑管見以爲臆說，但求其順理而便於誦，其虛無之奧義，固余所不甚解，卽有所能使余解者，余亦不樂聽也。書成，軒軒自喜曰：『以莊、列之奇才，今並驅而就七十子之列，寧非快事哉！』丁丑閏月念五日。

㈢小學節要

小學乃教人孝親敬長及應對進退儀節之書。留仙撮其要，簡其文，使讀者便誦易記。編成，自撰跋語云：

小學之書，教人以事親敬長之節，威儀進退之文，良足發人德性，眞不啻取天下之童蒙而胎教之也。然其書廢置已久，不惟目所不及見，並有耳所不及聞者。邇年童子之科，取數綦隘，往往年踰不惑，猶操童子之業，忽增五六萬言，俾同總角者咿唔其中，亦良苦矣。余節取其要，存三分之一，以便老蒙士之記誦，不許齠齔者竊取也。

康熙丁丑十月望後四日。

㊂宋七律詩選

選輯宋七律詩三百二十二首，附以跋語曰：

宋人之什，牽近於俚，而擇其佳句，則秀麗中自饒天眞，唐賢所不能道也。丁丑冬，余從畢子崑朗假得詩鈔，閉閣錄之。因其浩瀚，即有絕工處，而他句太不相稱者，輒棄之，故僅存三百二十有二首。吾於宋集中選唐人，則唐人遜我眞也，敢云以門戶自立哉！末載戴公一什，亦聊解嘲耳。臘月十四日。

以上三編，皆於康熙三十六年丁丑（一六九七）一歲間所選輯者。時先生五十八歲，是年贈畢韋仲詩有句云：『宵宵鐙火共黃昏，十八年來類弟昆，』先生設帳畢氏綽然堂已十八年矣。雖日近暮年晚景，而先生神明不衰，讀書之情趣亦彌健。

㈣日用俗字

留仙編是書蕆事，撰自序曰：

每需一物，苦不能書其名。舊有莊農雜字，村童多誦之。無論其脫漏甚多，而即其所有者，考其點畫，率皆杜撰。故立意詳查字彙，編爲此書。土音之訛，如猳讀爲脚，種耜讀種使之類，悉從正字。通其難識者，并用音切於大字之側。若偏旁原係諧聲，例應讀從半字，概無音切。或俗語有南北之不同者，偶一借用，要皆字彙所有，使人可以意會。雖俗字不能盡誌，而家常應用，亦可以不窮矣。

康熙甲申歲正月下浣，柳泉氏誌。

康熙甲申，爲四十三年（一七〇四），時先生六十五歲。

日用俗字有乾隆十二年丁卯（一七四七）蒲氏刻本附有蒲立悳跋云：『大父諱松齡，字留仙，柳泉則別號也。有詩集文集四六集聊齋志異等書。又有通俗勸世游戲詞，亦不下數十種，皆可以行世。今此書先出，以其易爲力耳。而尤有切於身心者，如省身語錄、懷刑錄、家政廣編、時憲文，現在校訂，陸續嗣出。乾隆丁卯仲秋，孫立悳拜手謹識。孫立悳（毅菴）校正。曾孫一泓（瀚池）一涵（沅洲）一湜（淸沚）同校。』

㈤農桑經

書成先生撰自序云：

居家要務，外惟農而內惟蠶。昔韓氏有農訓，其言井井，可使紈袴子弟，抱卷書生，人人皆知稼穡，余讀而善之。中或言不盡道，或行於彼不能行於此，因妄爲增刪，又博採古今之論蠶者，集爲一書，附諸其後。雖不能化天下，庶可以貽子孫云爾。康熙四十四年歲次乙酉，正月二十四日，柳泉氏誌。

時先生六十有六歲。全書農經七十一則。內有驅蝗、打蝻、防虸蚄、除蜚蟲等諸法。蠶經二十一則。補蠶經十二則。附錄有醃繭、蠶祟、安蠶、種桑等諸法。

㈥藥祟書

書成，撰有自序云：

疾病，人之所時有也；山村之中，不惟無處可以問醫，並無錢可以市藥。思集偏方，以備鄉鄰之急，志之不已。又取本草綱目繕寫之，不取長方，不錄貴藥。檢方後，立遺村童，可以攜取。但病有百端，而僅爲四十部，殊覺荒率，而較之在綱目者，則差有涯岸可尋矣。偶有所苦，則開卷覓之，如某日病者，何鬼何祟，以黃白財涘之云爾。康熙四十五年二月十五日。

時先生六十七歲。

(七)選錄齊民要術〔三〕

選錄齊民要術內樹畜之法，選錄成册，撰有跋語記云：

己丑初夏，偶閱齊民要術見其樹畜之法，甚有條理，乃手錄成册，以補家政之缺。

康熙己丑爲四十八年（一七〇九）先生七十歲。

(八)輯錄會天意

輯錄會天意書成，先生撰有長序，撮錄其序略云：

（前略）今人舉目見天，舉目而識象數否？瞑目觀天，瞑目而覘星日否？是集也，固所以觀天文也。（中略）七曜飛輪，錯轉於空虛無際之內；大地沉浮，時

懸於星羅氣運之中。順逆遲速，各有定數；生剋喜惡，皆有常情。（中略）孰謂冥冥之天，非昭昭之天也？豈待占候而知哉！（下略）

㈨選錄觀象玩占（四）

選錄成册後，撰有「自誌」云：

先得會天意一册，以其有量晴課雨之益，故依樣錄之。後見觀象玩占，無論其卷册浩煩，不能繕寫，且天文星宿，多所不解。僅取其人人共知，如日、月、北斗、風、雲、雷、雨之屬，錄爲三卷，聊以備旱澇之秋，爲瞻雲望歲之助云爾。

甲午五月下浣，柳泉氏誌。

康熙甲午，爲五十三年（一七一四），時先生年已七十五歲。

留仙享年七十六歲，則斯編乃先生生平著述最後之書也。復據留仙撰斯編「自誌」短跋稱：「先得會天意依樣錄之，後見觀象玩占」斯編。可見會天意當錄於康熙五十二年癸巳間（一七一三間）先生在七十四歲時也。

⑳家政內編、家政外編

家政內編留仙自序云：

竊聞陶朱居室，亦資顰黛之人，西伯行仁，猶需蠶桑之婦。油盞而簪華勝，睹醜馬之臨壇；弓鞋而踏青園，見懿筐之在手。蠶政之重，所從來矣。然而烹葅調桂，可占中饋之佳；垢耳蓬頭，終作奇男之玷。且柳絮之堂，鬧房解賦；書帶之室，婢子能文；誰謂風雅之閒情，殊不足道！脂膏之細事，即無堪傳哉？爰集內政，以告解人。

家政外編自序

竊以四民之生，胥資南畝；八口之家，重賴西成。今日而無宵旰之勞，則明日遂無寢食之適。人生斯世，雖欲無勞，不可得矣。然或貴介之子孫，不分菽麥；秀才之莊稼，貽笑耕夫日用之事習而不察者，寧少乎哉！他如朝饔夕爨，雲剪夏畦之蔬；乘屋牽蘿，實落秋園之樹。爲橐駝之弟子，乃神農之功臣也。下此則釋耒耜而問花竹，亦田舍之高風；去淫賭而耽林泉，猶陶朱之令嗣。又烏知藍蔚之生風月，非所以慰藉勞人乎？集爲外政，公之同人。

以上兩序並見聊齋文集。

迨乾隆十二年丁卯（一七四七）留仙長孫立悳刻印乃祖遺稿日用俗字附有短跋略稱：乃祖柳泉先生遺稿數十種皆可行世，今先印行日用俗字以其易爲力耳，尚有省身語錄，懷刑錄，家政廣編（五）亦擬陸續刊行。旋立悳歿世，所謀續刊諸稿，遂告中輟。余迄未獲覩家政廣編稿本，檢閱留仙遺書書目，亦未見載家政廣編，頗疑「家政廣編」乃家政內編與外編之彙纂。

家政內編外編、撰編年代，序文無記。惟據留仙七十歲時撰錄齊民要術蒇事，所題短跋有云：『手錄成册，以補「家政」之缺』可見家政內編外編之纂輯亦在其手錄齊民要術時間。至於家政廣編之成書，則在家政內編外編以後。淸人黃摺珽撰東谷先生傳述及立悳著作有家政彙編一書，或卽家政廣編歟！

留仙生平著作，在其墓碑碑陰，尙刻載有雜著五册、戲三齣、通俗俚曲十四種。就余蒐集所得者，爲之分別析述。

「雜著五册」計有：省身語錄、懷刑錄、曆字文、日用俗字、農桑經各一册。除曆字文外，其餘四書，已於前文分別縷述矣。

㈢曆字文

斯編鈔稿流傳殊少。北平淸華大學圖書館藏有鈔本。近年日本慶應義塾大學，亦藏有鈔本，爲日人平井雅尾在淄川錄自新城耿士偉藏本。前有留仙自序云：

『松齡畢府設教有年，茶餘酒後費數載心血，始彙纂成文。』設教畢氏，時留仙年四十歲，纂此稿時已設教有年，則曆字文纂成，當亦在其暮年間矣。

「戲三齣」：

㈢考詞九轉貨郎兒

考詞九轉貨郎兒稿本，世所罕見，殆久矣湮沒不傳。近年中山大學圖書館收有舊鈔本「考詞」又題作「闈窘」，編演考生入闈後諸般窘狀「九轉貨郎兒」似爲「闈窘」附文，就全部文詞撰寫，似應分爲「考詞」及「九轉貨郎兒」。

闈窘

老軍持棍繩上安號房棹子。

淨扮儒生衣巾持卷子、果餅、筆硯上介。

天上蟾宮定快傳，　文場險似鐵圍山；

、、餅

只言登第千般好，那識嘔心七塊難！

我學生接下題紙以來湯飯飽吃過兩道，定要做幾篇「解元」文字，誰想嚇的那「散舉人」的文字並不敢出來探頭了！點鐙許久睡了一覺，這天多麼有半夜了。作聽介內打四鼓，吶喊催「快交卷」三次介。

〔新水令〕至公堂畔四更交，明遠樓齊聲喊叫，他那裏口催交卷快，俺這裏心熱似油澆。把筆空搖，把筆空搖。這枝筆可也作起怪來了，連坡數次，一點墨水也無。幾回首紙還高弔。低頭出號房行介。

〔步步嬌〕消身偷出窺鄰號，遑把鄰兄叫。向內問介：老社兄，寫完了麼？見教見教。老軍上介，相公速請歸號，巡綽的看見干係不小。可恨那軍牢又來恐嚇說巡邏到。

〔收江南〕早知到這般苦事呵，誰待要把名標！無奈他封君公子與偏豪，攛掇人上轎，只落得軟監穩坐禍難逃。

九轉貨郎兒

雀頂兒分明癖塊泮池上公然搖擺，眞似古丟丟在望鄉臺；

若聽起談天口闊論來，人人是頭名好秀才。

〔二轉〕遠躲開仇讎書架、厭氣死酸辛硯瓦、論棋酒聽明俺自佳。那文宗呵俺則道聖明裁了他，又只道提學不下山東馬，況山東偌大，或今遭漏了咱。

〔五轉〕聞昨夕考牌已送，狠命的咕噥，恨不能一口嚥胸中。更既定頭始蒙，覆去翻來意怔忡，不覺的一炮撲咚，二炮崩烘，一殺時三炮似雷轟，遠比那「午時三刻」還堪痛！只得提籃攢動，道門外火燭籠璁，萬頭攢聚不通風，汗蒸人氣，腥臊萬種，便合那聽熱審的囚徒一樣同。

㊂鍾妹慶壽

〔北新水令〕昏沉冷月淡黃天，獵酆都得看資一件，眶深腮骨瘦，頂縮領毛蹅。鬼首如拳，又怕上不的髑髏串！

血染紅裙冷黛修。自燒燐火煑骷髏；

留將肋下長條骨，刻作花釵更插頭。

自家非他，鍾妹是也。今日是鍾馗哥哥壽日，本欲獵取百頭肥鬼，以作祝壽之資。誰想哥哥口福不濟，半日冥搜，止捉得小鬼一頭，如此寥寥，成何禮數？作想介 有了！前日獵得一鬼，名曰傻蟲，身體偉大，臂腿豐肥，絕好一個食料，賺他往送賀儀，就便充作一品，有何不可？此策甚善，待俺修書則個。作寫書介「酒一瓶，鬼一個，送來與兄作慶賀。兄若嫌鬼少，挑擔的算兩個。」喚云：『傻鬼何在？』大鬼上云：『爲因身體壯，留俺走西東；一日主人惱，化爲一大蟲。娘子喚小鬼，有何吩咐？』旦云：『叫你非爲別事，只因你服役勞苦，賞你一美差，可好嗎？』丑云：『是那裏？』旦云：『是你大老爺處。』丑搖頭作驚介『小鬼不去!』旦云:『爲何不去?』丑云:『那個饞爺可怕,龐兒不大善良,小鬼生得胖光光,怕他涎流嘴上帶背連肩抓住,不須鼎鑊油湯,只消「大餅卷如梁」肉穴登時藁葬』。旦笑云:『那有此理!自古云「官不打送禮之人」。管情此去,酒飯之外,還賞銀錢。書已在此,疾忙收拾擔兒前去,休得遲悞』。丑云:『如此小鬼便去』。

旦云:「只因妹子無長物,借重蒼頭作賀儀」。並下

㈣鬧館

鬧館或題作「和先生攬館」,編演塾師和先生長街招攬書館故事。

君子受艱難,斯文不值錢;

有人成書館,便是救命仙。

(白)在下訓蒙先生,姓和名爲貴,表字由之,郃陽縣同地村人氏。自幼讀書,家

道貧寒，別無生意，以教書爲業。不幸年景飢荒，漢閣齋學生自散而去。無奈逃至洛川遊蕩幾日，盤費已無，堪堪餓死，如何是好！哦有了！不免用「仿圈」敲動手板，吆喝幾聲「教書」，可有主呢，也未可知。咳，好苦呱！

(唱) 想當初念書時錯了主意，到不如耍手藝還掙吃穿。

你看那皮匠家補鞋補襪，只是那鋦爐子鋸盆鋸碗，

還有那木匠家打箱打櫃，鐵匠家打鋤頭還打刀鐮，

錫匠家打鐙臺又打錫盤，窯匠家燒黃盆又燒黑碗。

手藝人吃的是肉肥滷麪，可惜俺念書人餓的可憐。

(白) 衆位聽眞，誰家念書？我乃教書人也。

(唱) 初上學三字經口教口念，百家姓，千字文一一漸添，上下論共兩孟，五經，三傳，詳訓詁明句讀，作文叁篇，學寫字手拿手一撇一點，一個字分八法回後

囘先字四音要念出平、上、去、入,開口呼合口呼也得學全,平仄里必得是分別清楚,久以後作詩句免得犯難。三年功必進學、六年中舉,七年上會進士,連中三元。一霎時就成了富戶鄉官,翰林院効力滿出印做官。

丑白　先生這個說法果然眞麼?

外白　苟有用我者,請嘗試之,就此入學罷!

丑白　且住且住,我是貧窮之家,管待不到,怕先生見怪,如何是好?

外白　我之大賢與於人何所不容?敢問有何說也?

就前三齣戲目,刻載墓碑碑陰,與所引錄戲稿題目,除其中鍾妹慶壽外,考詞九轉貨郎兒、鬧館稿本戲目與碑目不盡相符。究出於碑目有誤,或由於同一稿本而有不同戲目!今既未有詳確考證,亦未獲見手稿,殊難臆斷。

「通俗俚曲十四種:」

㊄牆頭記

編演張老暮年而鰥，有二子皆不孝，由老鄰居王銀匠教以計賺兩子，得以溫飽壽終故事。全曲四回，傳奇俚曲。

㊅姑婦曲

編演志異內珊瑚故事，全曲三段，獨唱俚曲。

㊆慈悲曲

編演志異內張誠故事。全曲六段。獨唱俚曲。

㊇翻魘殃

編演志異內仇大娘故事。全曲十二回。獨唱俚曲。

㊈寒森曲

編演志異內商三官故事。全曲八回，獨唱俚曲。

㈡琴瑟樂〔六〕

未獲見。

㈢蓬萊宴

編演吳彩鸞鈔詩賣錢故事。全曲七回。獨唱俚曲。

㈢俊夜叉

編演張三姐管教其賭鬼丈夫回頭故事。短曲，不分回。獨唱俚曲。

㈢窮漢詞

編演窮漢自訴其窮苦，詞意詼諧，短篇韻文。

㈣醜俊巴

編演豬八戒遇見潘金蓮而害相思病故事。似未完稿，只有山坡羊一段。詞文頗似鼓詞。

㉕快曲〔七〕

編演關羽在華容道釋放曹操故事。全曲四聯。「快曲」乃曲別通稱，疑碑目有誤。

㉖禳妒咒

編演志異內江城故事。全曲三十三回，傳奇俚曲。

㉗富貴神仙

編演志異內張鴻漸故事。全曲十四回。獨唱俚曲。

㉘磨難曲

編演前張鴻漸故事，修補情節，增益文字，故碑刻「後變」磨難曲。全曲三十有六回。傳奇俚曲。

㉙增補幸雲曲

編演明正德皇帝嫖妓故事全曲二十八回。獨唱俚曲。

留仙歿於康熙五十四年乙未正月二十二日，歿後二月，其子蒲箬等祭父文有云：『我父少有才名，爲海內所推重，而淪落不偶，僅託諸悲歌慷慨之間。暮年著聊齋志異八卷，每卷各數萬言；高司寇、唐太史兩先生序傳於首，漁洋先生評跋於後，大抵皆憤抑無聊，借以抒勸善懲惡之心，非僅爲談諧調笑已也。間摘其中果報不爽者，演爲通俗之曲，無不膾炙人口』。後蒲箬撰乃父柳泉公行述復云：『志異八卷，漁蒐聞見，抒寫襟懷，積數年而成，總以爲學士大夫之針砭；而猶恨不如晨鐘暮鼓，可參破村庸之迷，而大醒市媼之夢也。又演爲通俗雜曲，使街衢里巷之中，見者歌，而聞者亦泣。其救世婆心，直使男之雅者，俗者；女之悍者，妒者；盡舉而匋於一編之中。嗚呼，意良苦矣！』是俚曲編撰年代，亦在其暮年間也。

留仙生平所撰談諧調笑，游戲勸世之戲曲詞文頗多。余積年所蒐集者，除前就碑陰刻目各稿本外，亦有多種，〔八〕至聞見所及者，爲數尤夥。惟大都出於僞託之作。披沙揀金，或於其間獲見短篇散稿，〔九〕殆亦屬斷縑零墨者焉。

覽此浩瀚編著遺稿，具見先生治學之博用力之勤尤爲其五十歲後，一専於研讀著述，以迄於晚年爲學尤篤。每讀其歿世前之編年詩句，在在流露其抱卷自適無上情趣。其歿世前一歲之「癸巳編年詩」自詠白髮詩云：『奄然視息在人世，百骸疲憊官不蠹。僅目一官能盡職，翻書幸足開心懷。』詠其老樂詩云：『架上書堆方是富，尊中酒滿不爲貧。』詠落一齒詩云：『三十一齒存，猶不廢吟誦。』時先生年已七十有四，猶刻刻以「翻書」、「吟誦」爲其最「開心」事也。

註釋

〔一〕帝京景物略，全書八卷，明崇禎間劉侗、于奕正撰，有崇禎刻本。

〔二〕省身語錄，淄川畢（元卿）氏藏有舊鈔本。

〔三〕齊民要術全書十卷，後魏賈思勰撰，留仙選輯其中樹畜之法，以補其「家政」之缺。

〔四〕觀象玩占全書十卷，舊題唐李淳風撰，或云書出於明劉基所輯。

〔五〕家政廣編家政內編淄川留仙後裔蒲英譚藏有舊鈔本。

〔六〕琴瑟樂、淄川王（滄佩）氏天山閣藏有舊鈔本。日本慶應大學藏有錄本。

〔七〕淄川蒲氏後裔，及藏書世家同邑畢（載績後裔）氏、王（滄佩）氏天山閣皆藏有題留仙遺著戲曲唱詞稿本鈔本，有「短曲」、「俚曲」、「小調」、「快曲」。可見碑目「快曲」乃唱曲曲別通稱，就今流傳鈔本如聊齋快曲四種、三種快曲、佳期會快曲、奇怪曲、快曲、憶情曲。是碑目「快曲」究爲編演「華容道」故事，抑其他故事？似尚待考。

〔八〕就余積年所集留仙著戲曲唱詞鈔稿，除本篇所引戲三齣，俚曲十四種外。復有二十四種，皆爲碑目所未載者：

除日祭窮神文　短篇韻文。

窮神答文　短篇韻文。

學究自嘲　小曲。

逃學傳　短篇傳奇。

東郭傳　鼓詞傳奇。

鞏殘鬧睹傳　小曲文詞猥鄙俗俚，稿題留仙著，待考。

草木傳　或題作「藥會圖」長篇傳奇，全曲十回，雖以通俗俚曲闡明藥性，而詞意鄙俗，亦不似留仙文筆。

問天語　短篇唱詞，詞語頗多費解，稿題留仙著，待考。

問天詞　短篇鼓詞，爲留仙長孫蒻立悳著，稿本誤作留仙。

莊家詞　短篇鼓詞，題留仙著，待考。

田家樂　鼓詞，題丁野鶴著，或題留仙著，待考。

烈女詞　短篇鼓詞，題留仙著，待考。

戒睹詞　短篇鼓詞，題留仙著，待考。

風月段　短篇小曲，文詞鄙俗，題留仙著，待考。

陋巷段　短篇小曲，題留仙著，待考。

骷髏長嘆曲　短篇小曲，題留仙著，待考。
南窗夢　鼓詞，題留仙著，待考。
秋江夢　短篇鼓詞，題留仙著，待考。
勸酒歌　說唱短曲，題留仙著，待考。
二十四孝鼓兒詞　長篇鼓詞，題留仙著，待考。
孔夫子鼓兒詞　淸曹漢閣著，誤作留仙著。
子華使於齊　鼓詞，著者留仙或題賈鳧西著，待考。
齊景公待孔子五章　長篇鼓詞。著者留仙，待考。
醜女自嫁　鼓詞，題留仙著，待考。

〔九〕留仙五世孫蒲庭槐手錄「聊齋外註」一卷，收有俊夜叉、逃學傳、學究自嘲、除日祭窮神文、窮神答文、肉頭曲、元宵觀鐙、毛董生名董抱屁、詞曲、韻文等九篇。現藏日本慶應大學。

聊齋手稿與鈔本兩種

(一)聊齋手稿

清初淄川蒲留仙松齡先生，撰聊齋志異大體完成，復撰有「聊齋自誌」文，最後題「康熙己未春日」。按己未爲康熙十八年（一六七九）時留仙年四十歲。可見志異一書大體是留仙壯年作品。惟據自「自誌」文云「聞則命筆」，與「集腋成裘」語，可見留仙故事篇文取材，是聞見所及，隨時命筆。所以就志異篇文可鈎稽其年代者，自康熙十八年後，迄至其晚年，故事錄記賡續不綴。故其子蒲箬等祭父文亦說「暮年著聊齋志異八卷」。

今所謂「聊齋手稿」，簡稱「手稿」亦稱「聊齋原稿」在留仙歿世後，即藏其家，或云其家祠內。至清中葉咸豐與同治間（一八五七至一八六七間）蒲氏七世孫价人、字碩庵，精日者術，由淄川攜眷移家瀋陽，行前並自取聊齋手稿農桑經手稿以行。迨至同治八年己巳（一八六九）東北肇東劉滋桂隨其父至瀋陽，而識蒲碩庵，因獲見「手稿」。時趙荷村刻本自乾隆三十一丙戌（一七六六）刻行，已流傳國內，滋桂乃取趙刻本，亦稱「青柯亭本」簡稱「青本」，與手稿交勘，乃錄「手稿」篇文溢出「青本」篇文者計五十六篇，遂輯有「聊齋志異逸編」，本民國三年甲寅（一九一四）有刊本流傳。

光緒初年間（一八八〇年間），碩庵感手稿年代久遠，卷皮皆損，乃重爲覓工裝訂，分訂爲上下兩函。每函各收四卷。而裝工技術拙劣，竟將手稿本上端裁截過多，以致在「手稿」上端所錄王阮亭頂批，截去一二字。

後碩庵子英灝供職清盛京將軍依克唐阿，因將其家藏「聊齋手稿」上函借閱與依氏侯依氏閱畢上函英灝收回再借與下函旋依氏因事赴北京值庚子（光緒二十六年一九〇〇）義和團之役聯軍陷北京依氏亦病歿志異下函手稿，竟從此絕跡人間。

民國二十二年癸酉（一九三三）東北在僞滿時期瀋陽蒲氏已移家西豐時「手稿」上函歸蒲氏九世孫蒲文珊保存曾一度借出與袁金鎧影印其中二十四篇計四十四葉並由史錫華取上函手稿與「青本」及同文石印本聊齋互爲校讎曾撰有「校勘記」與影印稿彙爲一册題作「選印聊齋志異原稿校勘記」。

迨民國三十七年戊子（一九四八）東北各縣相繼淪於共軍各地「土改」「鬥爭」亦隨之展開西豐蒲氏家藏「手稿」亦隨之而出此民國四十五年丙申（一九五六）北平影印蒲氏「聊齋手稿」上函所由來也。

「手稿」卷首錄有康熙己未高珩序，在序文首葉下半葉及末葉皆殘損，已無序文，幸有鑄雪齋鈔本可以補讀。次爲唐夢賚題序，尚全，而未題記序年代，據「鈔本」爲康熙壬戌。再次爲留仙於康熙己未題聊齋自誌。

「手稿」共收文二百三十七篇，計四百葉。其中「猪婆龍」篇重出。「海大魚」與「牛同人」爲獨有。在「青本」與「鑄雪齋鈔本」皆未收入。其「牛同人」篇因「手稿」紙殘損，僅存半篇。統計「手稿」有二十五篇爲「青本」與「鑄雪齋鈔本」皆未收入，爲「手稿」本所獨有。民國五十六年丁未（一九六七）余輯注「聊齋志異遺稿」，悉爲之輯入。

查「手稿」，上函有三十半篇，非出於留仙手筆，疑是出自留仙兒孫或弟子，代錄而經過留仙手自修竄，推敲之情，躍然墨楮間。後看此「手稿」筆跡與留仙晚年自題「像贊」與「又志」，逼似，可見「手稿」是留仙晚年所寫。在「志異」稿校勘上，具有無比價值。

㈡鑄雪齋聊齋鈔本

在未述張氏鑄雪齋聊齋鈔本，先略述其源流祖本朱氏殿春亭聊齋鈔本。清初濟南名朱緗字子青，爲清初朱宏祚長子，有雋才，博洽明達，潛心經史，尤致力聲詩，築室章邱明水鎮，曰橡村，饒水竹之勝，因自號橡村居士，雅慕留仙道德文章，康熙三十五年丙子（一六九六）時留仙由淄川遊濟上，子青聞訊，乃攜酒往謁，留仙亦欣然相迎，與訂交而別，時子青年二十七歲，少留仙三十歲，留仙時年已五十七歲矣。留仙於此次與子青訂交，曾有詩記云：

鏡影蕭蕭白髮新，癡頑署作「葛天民」。愛蓮舟過明湖水，問舍衣沾歷下塵。

狂態久拚寧作我，高軒乃幸肯臨臣。不嫌老拙無邊幅，東閣還當附惡賓。

踏泥借馬到南城，高館張筵肺腑傾。豈以作賓擬枚乘，徒勞入市過侯嬴。錦堂蘊藉詩千首，褐父叨沽酒一盛。公子風流能好士，不將偃蹇笑狂生。

槃戟門庭近女牆，梁園上客滿高堂。童心儇佻遲方悔，戲技窮愁老亦忘。北海論文憐杜甫，江州賣酒過柴桑。淫霖快讀驚人句，未覺深秋旅夜長。

自後彼此交契日深。康熙四十五年丙戌（一七〇六）夏，留仙遊濟，曾賃屋大明湖畔，子青時爲志異題詞七絕三首。

翌年康熙四十六年丁亥（一七〇七），子青竟以疾歿於濟上，卒年三十八歲。時留仙在淄，聞訊悲悼不已，曾爲詩哀悼云：

蘊藉佳公子，新詩喜共論。如何一炊黍，遂已變晨昏。歷下風流盡，楓香墨氣存，未能東岱弔，雪涕賦招魂。

道光濟南府志卷五十三「人物九」、「歷城」朱緗傳云：

朱緗字子青，宏祚子，有雋才，經史無不研究，尤致力聲詩。被父命至都下，未嘗遊貴者之門。築室章邱之明水曰橡村饒水竹之盛卒年三十八。子崇勛字彝存作詩與淄川張元齊名云。

子青在他觀稼樓詩集卷二裏有「豐臺看芍藥過王氏花圃晚歸」詩云：

翻階芍藥花十畝，紅霞柄烟中月扇斜；露底雲衣整。

一一傾城姿粧試曉奩，靚我家殿春亭彷彿繪茲景。

并有自注云：「余家殿春亭芍藥最盛」。

於此復錄濟南張氏籌雪齋聊齋志異鈔本內殿春亭主人跋與南邨跋全文於次：

余家舊有蒲聊齋先生志異鈔本，亦不知其何從得。後爲人借去傳看，竟失所在。每一念及，輒作數日惡，然亦付之阿閦佛國而已。一日偶語張仲明世兄仲明與蒲俱淄人，親串朋好，穩相浹，遂許爲乞原本借鈔，當不吝。歲壬寅冬，仲明自淄攜稿來，纍纍巨册，視向所失去數當倍，披之耳目益擴，乃出資覓傭書者亟錄之，前後凡十閱月，更一歲首，始告竣。中間讐校編次，晷窮晷繼，揮汗握冰，不少釋；此情雖癡，不大勞頓耶！書成，記此，聊存顛末，並識向來苦辛。倘好事家有欲攫吾米袖石而不得者，可無怪我書慳矣。

雍正癸卯秋七月望後二日，殿春亭主人識。

據前跋題於雍正癸卯七月，時爲雍正元年（一七二三）秋七月。跋稱「歲壬寅冬仲明自淄攜稿來」。考壬寅冬爲康熙六十一年（一七二二）冬，即康熙朝最後末年。中跋文稱其鈔錄稿時間：「前後凡十閱月，更一歲首」，是此原鈔本自康熙末年即六十一年冬間起鈔，至翌年雍正元年癸卯（一七二三），所謂「更一歲首」，至雍正元年七月鈔竣，前後計十閱月所記時間，亦相符合。

子青歿世於康熙四十六年丁亥（一七〇七）至雍正元年癸卯（一七二三）已歿世十有六載。前跋題稱殿春亭主人自是子青子朱彝存崇勛。

復據道光濟南府志卷五十四「人物十」、「淄川」張元傳略云：

張元字長四，號榆村，淄川人。雍正丙午舉人，博聞強記，力學過人，居恒手不釋卷，詩則高閒淡雅，自成一家，性高曠，不汲汲於利祿，卒年八十有五。子作哲，雍正乙卯舉人。

按作哲字仲明，故殿春亭主人朱彝存稱其爲「仲明世兄」。張元與留仙同鄉里，留仙歿世後十年，曾爲撰柳泉蒲先生墓表，可見張氏與留仙子孫世交之深。故跋稱「仲明與蒲俱淄人，親串朋好，穩相浹，遂許爲乞原本借鈔，當不吝」。復據歷城縣志卷四十朱緗傳末云：「子彝存延淄川張元教子弟三十餘年云」。故其子仲明亦常至朱家。

南邨跋全文：

余讀聊齋志異竟不禁推案起立，浩然而嘆曰：嗟乎！文人之不可窮有如是夫，聊齋少負豔才，牢落名場無所遇，胸塡氣結，不得已爲是書。今觀其寓意之言，十固八九，何其悲以深也！向使聊齋早脫韝去，奮筆石渠、天祿間，爲一代史局大作手，豈暇作此鬱鬱語，託街談巷議，以自寫其胸中磊塊詼奇哉！文士失職而志不平，毋亦當事者之責也！後有讀者，苟具心眼，當與予同慨矣。

雍正癸卯秋七月，南邨題跋。

南邨，山東膠州人，名高鳳翰，字西園，南邨是號，又號南阜，亦作南阜山人，暮年又自號南阜老人。少有異才，工書善畫，尤豪於詩，學行見重當時。生於康熙二十二年癸亥（一六八三），少留仙四十餘歲。其父高日恭曾於康熙三十五年丙子（一六九六）至四十年辛巳（一七〇一）任淄川儒學教諭，在任內，南邨曾隨來淄，並在其間見過留仙，當時在十五六歲間。留仙歿後，曾爲志異題詞七言古詩一首，詩中有云「憶其見君正寥落，豐頤雖好多愁顏」。（見拙著蒲留仙傳、摯友序及題詞）南邨與濟南朱彝存亦文字老友，今見鈔稿書成，乃爲題跋云：「夫聊齋少負豔才，牢落名場無所遇，胸塡氣結，不得已爲是書」。與前爲志異題詞詩句：「嗚呼！今乃知先生把奇才不見用，雕空鏤影摧心肝。不堪悲憤向人說，呵壁自問靈均天」。前詩後跋同一抑鬱悲憤語。蓋南邨先生雖才氣縱橫，而浮沉諸生中二十年，至雍正五年丁未（一七二七）始薦賢良方正，後始署安徽績溪。

朱氏殿春亭聊齋志異鈔本早已失傳，今日唯一存者，惟鑄雪齋聊齋志異鈔本，現存北京大學圖書館。於民國六十三年甲寅（一九七四）在上海影印。

濟南張氏名希傑，字漢張，號東山，別號練塘，亦作練塘老漁，原籍浙江、蕭山，其父張士鳳原在濟南任幕賓，因遂留濟南定居。希傑少有才名，而困頓場屋中，間雖出外任幕賓，而終不得志，蹉跎五十年，以諸生老。著有鑄雪齋集三函，凡十五册，在詩集中有祝朱大中丞太夫人八十壽，賀朱彝存六十壽，可見朱、張兩家不僅同住濟南，兩家是有深切文字交誼。可知朱氏殿春亭聊齋鈔本，由張氏直接借鈔。

濟南張氏鑄雪齋鈔本，簡稱「鈔本」。全部十二卷，分訂十二册。

卷一、列有篇目四十二篇，內鷹虎神篇有目無文，文見「手稿」。

卷二、列有篇目三十九篇。

卷三、列有篇目四十五篇。

卷四、列有篇目四十篇。

卷五、列有篇目四十三篇。

卷六、列有篇目四十五篇。

卷七、列有篇目三十九篇。

卷八、列有篇目四十三篇。內放蝶男、生子、黃將軍、醫術、藏蝨、夜明、夏雪、周克昌、某乙、錢卜巫、姚安、采薇翁等篇有目無文。男生子、黃將軍、藏蝨等篇文見「遺稿」及「拾遺」餘篇文均見「青本」。

卷九、列有篇目四十九篇。

卷十、列有篇目二十四篇。

卷十一、列有篇目三十九篇。內齊天大聖篇殘缺，補文見「手稿」。

卷十二、列有篇目四十篇。內公孫夏篇有目無文，文見「青本」。

全部鈔本共收篇目四百八十八篇，內有目無文者十四篇，殘缺者半篇。

綜合志異現存篇文：

查閱「手稿」篇文溢出「青本」者二十五篇。「鈔本」篇目溢出「青本」者去其與「稿本」重複者不計，得有三十五篇。益之「青本」所有篇目四百三十一篇，則志異今日全部篇文計存有四百九十一篇。

「鈔本」卷首有高珩、唐夢賚序及留仙自撰聊齋自誌外，尚有漁洋老人題詩，及戊子張篤慶丙戌椽村居士題詩，以及乾隆辛未練塘漁人題詩。在題詩下鈐有白地朱文「張希傑印」，與朱地白文「漢張」方印。

卷末有跋文三篇，首爲雍正癸卯秋七殿春亭主人跋，次爲雍正癸卯秋七月南邨跋。最後爲乾隆辛未秋九月練塘老漁跋，鈐有朱地白文「張希傑印」與朱地白文「漢張」方印。

張希傑題詞、識跋皆在乾隆辛未九月，爲乾隆十六年（一七五一）九月，則此「鈔本」錄竣當在此時。

「鈔本」篇文爲「青本」所未刊者，非盡由於「意味平淺者」，而恐其文字有觸時忌，亦多爲之刪落。如吳門畫工雖藉呂祖故事，而涉及清廷宮闈。閻羅篇則藉鬼神之說，以表彰左懋第奉使北京忠烈死節，歿後升天故事。亂離二則篇則記清初「北兵」入侵我國掠賣婦女。鴞鳥篇寫康熙西塞用兵，後方官吏勒索百姓。張氏婦篇寫康熙三藩用兵時「大兵」所過淫汚婦女事。鬼隸篇則記明季「北兵」侵入山東屠殺濟南百姓的慘重。

「青本」收入「鈔本」篇文凡字句有觸時忌者，亦悉爲之改竄。如王成篇內「大親王」改爲「某王」。夜义國篇內「母女皆男裝類滿制」，則將「類滿制」三字刪削。張誠篇內「明末齊大亂，妻爲北兵掠去」。前句改爲「靖難兵起，」後句則抉去「北」字，改作「妻爲兵掠去」。又「明季清兵入境掠前母去」則改爲「前母被兵掠去」。凡「鈔本」內諸篇有「北兵」、「大兵」、「旗下」「別駕」、「大親王」、「貝勒府」諸字句，悉爲之改竄或抉去。

鑄雪齋鈔本雖與「手稿」篇文字句或稍岐異而較之「青本」及坊間通行本不獨溢出數十篇而全部篇文一無因避諱清廷時忌而妄加竄削之處全部篇文悉保存原稿的廬山眞面。

鑄雪齋鈔本不獨爲今日唯一的最早鈔本，亦爲一部完整的聊齋志異原稿。

㈢二十四卷聊齋鈔本

民國五十二年（一九六三）在淄川附近周村地方發現二十四卷聊齋志異鈔本。

此鈔本字體端整謹嚴，格式劃一，全書由於一手鈔寫。從鈔本看，似根據最早鈔本或稿本過錄，又從這鈔本的貼補、和旁補痕迹情況，在當時校對復核費過很大工夫。

全部鈔本除新城、王士正，淄川、張篤慶，濟南、朱緗，錢塘、包爗，金壇、王喬等題詩，外既無此鈔本序跋亦無題記更無印記，查包爗于乾隆十三年戊辰（一七四八）任長山典史因此這部鈔本可能鈔於乾隆十三年戊辰（一七四八）至乾隆三十年乙酉（一七六五）間。因此想到在周村其時尚有王金范序十八卷刻本聊齋志異，按王金范於乾隆二十七年壬午（一七六二）任長山縣丞，可能與這二十四卷鈔本有關聯。

這二十四卷聊齋鈔本對清帝康熙諱玄，乾隆諱弘皆缺一筆，雍正諱禛概作禎字，對帝諱皆極嚴守，而對於篇文有觸犯時忌者則都忠於原著。此殆鈔主在鈔本上不留痕迹苦心所在。

二十四卷鈔本共收文四百七十四篇，其中龍兩篇：一篇包括三則，一篇僅一則。至王桂庵篇寄生篇則合爲一篇，如分作兩篇，則二十四卷本共收文四百七十五篇。鑄雪齋鈔本簡稱「鈔本」有目四百八十八篇而有目缺文者計有十四篇，實得四百七十四篇。

二十四卷鈔本與「鈔本」相較前者多有十三篇計鷹虎神、放蝶、醫術、夜明、夏雪、周克昌、某乙、錢卜巫、姚安、采薇翁、公孫夏、丐仙、人妖。還多盜尸中章丘漕糧徭役一則，齊天大聖中「此吾弟子」一段，三朝元老中「洪經略南征」一則。又多連城、李公、伍秋月、郭生、折獄、樂仲、畫壁、龍戲蛛、王成、花姑子等篇中異史氏曰各一段。以及口技、阿霞、狐聯、張貢士、俠女、張誠等篇王漁洋評語各一則。

二十四卷鈔本比「鈔本」缺楊千總、瓜異、產龍、龍無目、龍取水、螳螂捕蛇、餺飥媼、縊鬼、閻羅、商婦、蚰蜒、牛犢、李檀斯等十三篇。此外還缺夢狼中「鄒平李進士匡九」一則，嘉平公子中「有故家子」，張貢士中「高西園云」各一段。僧孽、潞令、拆樓人三篇中的「異史氏曰」各一段。

二十四卷鈔本是現存最完整的鈔本。在這部鈔本內除王士正張篤慶朱緗題詩，尚有包燻和王喬後二人與王約軒、包耀等四人，並在王金范十八卷刻本內亦有題詩，由此可以推知這部鈔本產生的時期。

聊齋手稿，今謹存有上半部，在校勘和研究志異全稿，則鑄雪齋鈔本和二十四卷鈔本，並有無比的參證價值。

近世坊間蒲氏僞書

聊齋志異拾遺

民國二年（一九一三）上海圖書公司出版一册聊齋志異拾遺石印本，收有篇文計有二十七篇：傅于槃、喬鶯、王秋英、解巧璇、白雲岫、李明珍、封采岫、雙蝶、邵春蘿、桂芝、華涼、燠珠、趙穀、王鹿兒、沂州案、張紅橋、陳天籟、陳世倫、胡岱華、胡元素、犬婿、義婢、丐者、東六珈、梁鐵錘、摩霄、阿簫、王不留。

聊齋詩集

民國九年（一九二〇）上海中華圖書公司石印一部聊齋全集內有聊齋

詩集兩卷爲不知名文人所編造，計收有僞詩二百六十二首，其中尚有「八十述懷」僞詩。該詩出於清宣統間（一九〇九）上海扶輪社鉛印一册蒲氏作品末附有清張元所撰柳泉蒲先生墓表簡本一文，文內「享年七十有六」其「七」字誤植爲「八字」，因此遂揑造出「八十述懷」詩句。

聊齋筆記

中華圖書公司石印本聊齋全集，復附有聊齋筆記兩卷。都是抄襲一般散籍雜書所記，並無有可値得所錄筆記。且文筆粗淺，與留仙遺著勁健整潔文墨絕不相似。

醒世姻緣

醒世姻緣或稱醒世姻緣傳，是百萬字的說部，以山東地方土語鄉諺寫成。編演晚明五十年間兩世姻緣因果報應故事。作者內題是「西周生輯著」、「然藜子較定」，弁言有東嶺學道人題記云：「有評語數則，係葛受之筆，極得此書肯綮。」然不知葛君何人也」，可見此書著者是無可考稽，這部書在北方並不是很流傳的書。

在民國二十一年壬申（一九三二）上海亞東書局用新式標點重印這部書，加有胡適的考證，說此書乃清蒲松齡著。當時讀者極為注意，迨至民國二十五年丙子（一九三六）上海世界書局再重為排印，除保留胡氏考證並加有長序。民國四十一年壬辰（一九五三）胡適從美國來台灣，在台北公開演講他的「

治學方法」，再提到他考證醒世姻緣的經過這部書經一再翻印演講宣揚，蒲松齡著有醒世姻緣說遂引起社會關心文學者所極注意。於是坊間書賈亦紛印蒲著醒世姻緣，編印辭書辭典亦紛給蒲松齡增加這百萬字的說部，蒲氏本人亦增加「西周生」的別號在蒲氏當年及今日研討蒲氏著作遺書者，皆是意想不到的事。

據胡氏的考證，要爲這醒世姻緣所寫的懼內故事，頗似他在志異裏江城故事的放大。同時這醒世姻緣是用山東話寫成的，即斷定爲出自一人的手筆。但是胡氏疏忽在我國所謂「季常之癖」故事，每爲一般人士茶餘酒後所樂道，至懼內的情節，亦不限一人所獨聞。同一故事編演亦不一定出於一人。這「大膽假設」必求「小心求證」，才是至胡氏所引據夢蘭瑣筆內鮑以文說「留仙尚有醒世姻緣小說，實有所指，書成爲其家所訐，至褫其衿」。這是無證據的信口開河，不是「小心求證」。試想鮑以文遠居浙中與山東、淄川相隔幾千里之遙，且時間上與蒲留仙相差五六十年之遠。至鮑氏對志異的激賞，乃始自萊陽趙荷村遠服官浙中。所以鮑氏亦坦白詩云：「奇文詑見聊齋翁，主人鼓掌客擊節。」又稱「荷村先生事蒐討，賸喜天留有遺稿」。可見鮑氏對留仙的志異及其浩瀚遺著，原一無明悉。

因此近人亦有猜疑，以文激賞志異一書，焉知不廣求蒲氏其他著作，書賈爲投其所好，印以現成的山東話的醒世姻緣一書，僞稱亦出自留仙所著。進而僞稱該書「實有所指，書成爲其家所訐，至褫其衿」，這動人聽聞的故事。

考留仙七十一歲貢於鄉，後與其老友張篤慶、李希梅共被推舉爲「鄉飲介賓」之宴。邑侯譚襄敬重其「白頭窮經」，復爲之懸匾表彰。而「至褫其衿」說又從何「小心求證」？

後考醒世姻緣一書在日本享保十三年（一七二八）舶載書目已有記載，所記該書序跋凡例皆與今通行木刻本相同。按享保十三年爲清雍正六年戊申（一七二八）。留仙歿於康熙五十四年乙未（一七一五）可見該書木刻本由我國流入日本收入其「舶載書目」距留仙歿世不過十四年。後考留仙遺著最早刻行本爲乾隆三十一年丙戌（一七六六）青柯亭本聊齋志異，而在日本有刊本醒世姻緣早志異刊本前三十年之久。由此可見醒世姻緣刊行當在明末，最遲是在清初。沒有較長的時間，不會流傳到海外日本。後看醒世姻緣裏，不少文墨描繪晚明北京「廠衞」勢力與當時北京的社會人情。寫童寄姐父親銀匠童七，如何交接東廠內監陳公及後來失歡陳公如何被逼自縊歷歷如繪。考留仙生於明崇禎十三年庚辰（一六四〇）十七年甲申明亡，留仙纔五歲。平生沒有到過北京，怎能虛構當時的北京社會人情？

再詳讀留仙生平的詩集、文集，及其子孫的記述，如蒲箬等祭父文，蒲箬撰柳泉公行述，既未有寫此百萬字醒世姻緣鉅編象跡，更沒有「西周生」別號可稽。吾人試詳閱醒世姻緣一書，並非是淄川土語，乃是齊魯地方鄉諺、語言復翻閱全書，概沒有留仙寫這部書任何象跡可尋。

中華史地叢書

蒲留仙松齡先生年譜

作　　者／劉階平　著
主　　編／劉郁君
美術編輯／鍾　玟

出 版 者／中華書局
發 行 人／張敏君
副總經理／陳又齊
行銷經理／王新君
地　　址／11494 臺北市內湖區舊宗路二段181巷8號5樓
客服專線／02-8797-8396　　傳　　真／02-8797-8909
網　　址／www.chunghwabook.com.tw
匯款帳號／兆豐國際商業銀行　東內湖分行
067-09-036932　中華書局股份有限公司

法律顧問／安侯法律事務所
製版印刷／維中科技有限公司　海瑞印刷品有限公司
出版日期／2018年3月再版
版本備註／據1985年8月初版復刻重製
定　　價／NTD 250

國家圖書館出版品預行編目（CIP）資料

蒲留仙松齡先生年譜 / 劉階平著. -- 再版. --
臺北市 : 中華書局, 2018.03
面 ;　公分. -- (中華史地叢書)
ISBN 978-957-8595-18-7(平裝)

1.(清)蒲松齡 2.年譜

782.972　　106024773

NO.G2024
ISBN 978-957-8595-18-7（平裝）